LEO BRU

EINFACH SÜDTIROL

Hütten- und Bergerlebnisse

UNVERGESSLICHE MOMENTE IN DEN SÜDTIROLER BERGEN

TAPPEINER.

Inhalt

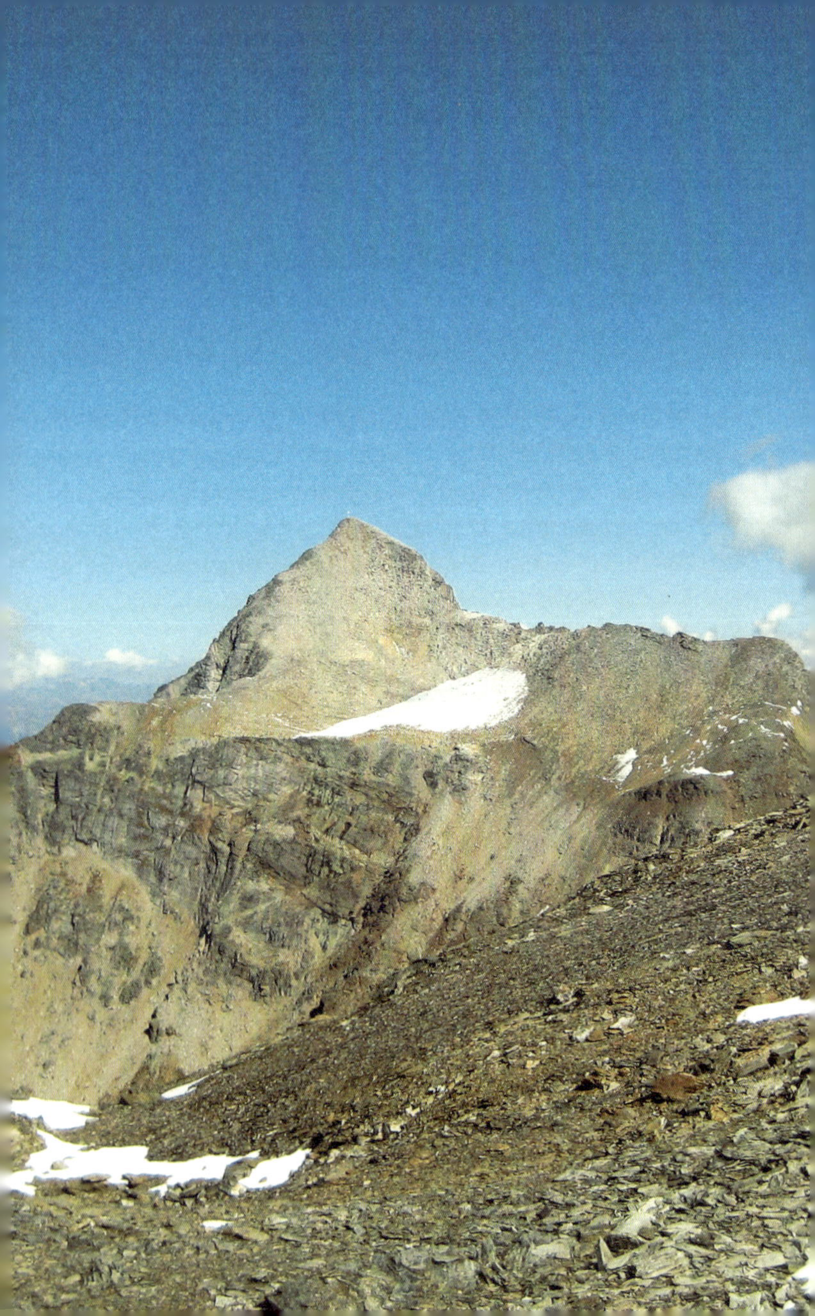

1 Vertainspitze, 3545 m

Die Vertainspitze ist mit 3545 Metern der höchste und formschönste Gipfel der Laaser Berge in der Ortlergruppe. Der Gipfel bietet prächtige Ausblicke auf den gegenüberliegenden Eis- und Felsriesen von Königspitze, Zebru und Ortler.

Tourenbeschreibung

Vom Parkplatz des Kanzel-Sesselliftes schwebt man gemütlich zum Bergrestaurant Kanzel. Von der Bergstation Kanzel (2348 m) folgt man zuerst Weg Nr. 12 bis zur ersten Weggabelung. Weiter auf Weg Nr. 11B nach links, mäßig ansteigend und dann auf Weg Nr. 11 weiter durch das Rosimtal zu den Rosimböden (2439 m); bis hier ist die Route gut markiert. Nun steil weiter unterhalb der Rosimwände über eine Moräne hinauf zur Gletscherzunge des Rosimferners. Hier muss man teils weglos, teils auf einem nur schwach erkennbaren Steig, über Geröll und Blockwerk, aufsteigen und sich dann am Rand des Rosimfernes ohne Gletscherberührung bis kurz vor das Rosimjoch steil hinaufarbeiten. Immer auf Steigspuren und Steinmännchen achten! Hier dreht man dann stark links in nördliche Richtung und folgt dem langen Grat über Schutt und Blöcke. Auf einer Höhe von ca. 3300 m gelangt man schließlich zu einer Hangschulter, wobei man ein Firnfeld quert und hinüber zum Südhang des Gipfels (ca. 3400 m)

von Meran oder Reschen kommend bis Spondinig, Abzweigung nach Prad und weiter bis Sulden

Parkplatz Kanzel, Talstation Sessellift

ca. 6½ Std.

10,6 km

1240 m

gelangt. Mit etwas Blockklette Von Meran oder Reschen kommend bis Spondinig, Abzweigung nach Prad und weiter bis nach Sulden. rei folgt man diesem Hang bis zum Gipfelkreuz auf 3545 m. Die Mühen des Aufstiegs werden mit einer der schönsten Aussichten im Ortlergebiet belohnt. Gegenüber das Ortler-Dreigestirn Königspitze, Zebru und Ortler, das 1800 m tiefer liegende Sulden, im Osten der Laaser Ferner mit den fast zahllosen Dreitausendern der Marteller Berge; im Süden der Große Angelus und die Tschenglser Hochwand. Der Abstieg erfolgt über die Aufstiegsroute.

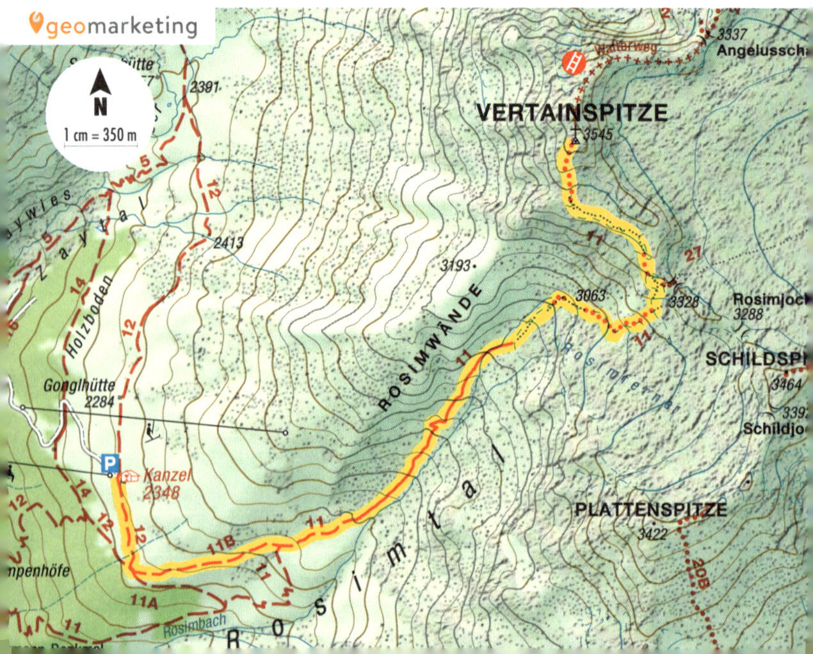

2 Jennwand, 2962 m

Der Marmorberg über Laas zählt zu den schönsten Aussichtsgipfeln im Vinschgau. Eine Traumtour für konditionsstarke Berggeher.

Tourenbeschreibung

Direkt ab dem Haslhof (1574 m) folgt man Weg Nr. 2 nach Westen. Der Steig ist sehr angenehm angelegt, gut markiert und verläuft an kurzen Stellen über breite Wald- bzw. Forstwege. Nach ca. 1 Std. erreicht man die Kohlplätze (1666 m) und von dort führt der Almweg-Marmorweg Nr. 3 südwestlich hoch zur Göflaner Alm (1826 m). Kurz vor der Alm kommt man zu einer Weggabelung, die auf den Weg Nr. 3 zum Göflaner See weiterleitet. Ein Stück führt der Steig entlang des alten Marmor-Schleifweges (Themenweg). Man verlässt kurz den Steig und folgt dem mit weißem Marmorschotter tapezierten Fahrweg, der vorbei an der Wandlhütte zum imposanten, sehenswerten Marmorbruch führt. Der Göflaner Mitterwandlbruch ist der am höchsten gelegene Marmorbruch Europas auf 2200 m. Westlich kommt man wieder auf Weg Nr. 3, der zwischen Jennwand und dem Hörnele hoch zu einer mit Drahtseilen gesicherten Felspassage führt. Weiter über Felsblöcke und

von Meran oder Reschen kommend bis Schlanders und weiter nach Göflan; bei Göflan links über die Nördersberger Höfestraße bis zum Parkplatz Haslhof

|→ Schlanderser Nördersberg, Haslhof

ca. 7 ½ Std.

→ 18,2 km

1480 m

(i) Die Felspassage vor dem Göflaner See erfordert Vorsicht und Trittsicherheit.

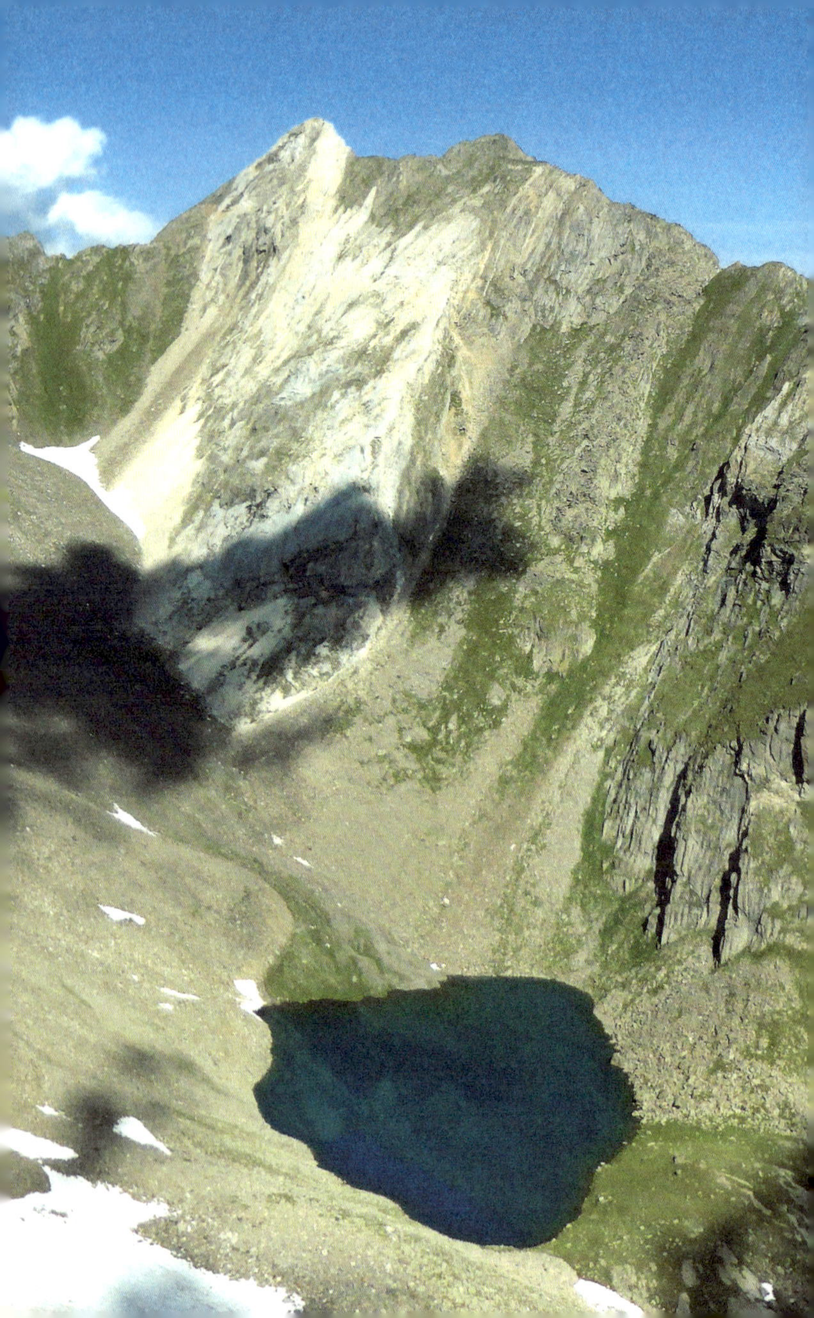

Geröll südlich zur Scharte, die den Blick zum Göflaner See (2534 m) freigibt. Vom See steigt man in westliche Richtung, rechts haltend am Talboden, Steigspuren und teils Steinmännchen folgend über schöne Blumenmatten in Richtung Scharte zwischen Jennwand und Laaser Spitze. Über einen Grashang hoch, der im oberen Teil zunehmend steiler wird. Von der Scharte, die einen tollen Blick in das Laaser Tal eröffnet, steigt man in Serpentinen über steiles, gerölliges Gelände in nördliche Richtung hoch zum Gipfel. Am Gipfelkreuz wird man von einem großartigen Panorama empfangen. Der Abstieg erfolgt über die Ausstiegsroute.

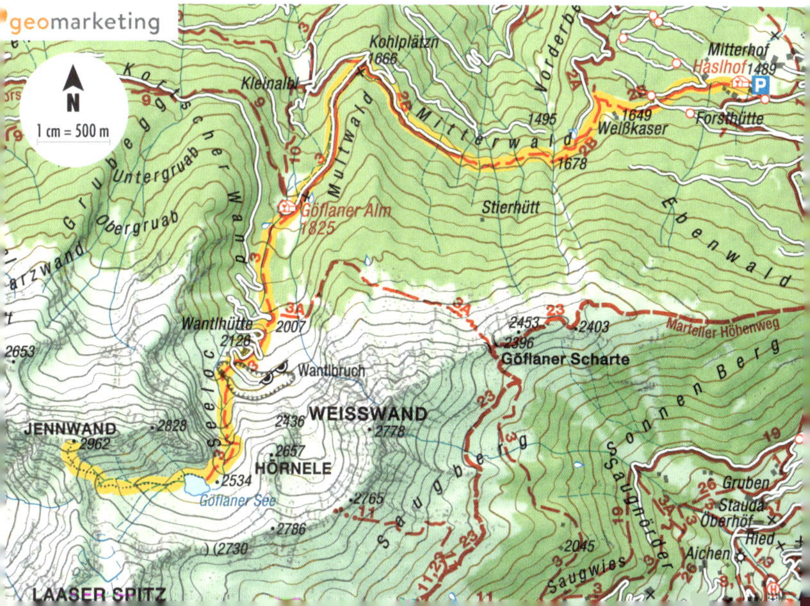

3 Penaudalm, 2323 m

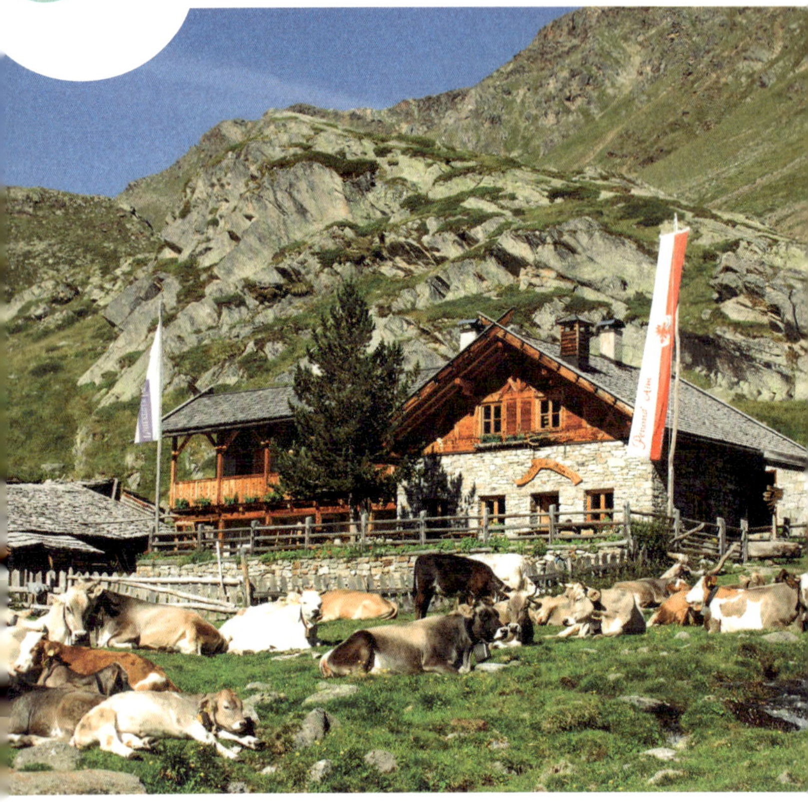

Zustiege

- Vom Parkplatz oberhalb von Karthaus im Schnalstal erreicht man die Alm in ca. 2 ½ Std. (750 Hm)
- Von der Bergstation der Seilbahn St. Martin im Kofel in Latsch oberhalb der Kirche nach ca. 100 m links dem Weg Nr. 6 folgen bis zur Abzweigung Vermoispitze und dort weiterhin über Weg Nr. 6 bis zum Niederjöchlkreuz. Der Weg Nr. 20B führt dann hinunter bis zur Penaudalm. Gehzeit 4 ½ Std. (1000 Hm).

Die urige Penaudalm auf einer Höhe von 2323 m inmitten der Schnalser Bergwelt ist nicht nur Südtirols höchstgelegene Sennalm, sondern mit ihrer Größe von 1200 ha Almfläche auch noch eine der größten Almen Europas. Eingebettet in die faszinierende Alpinlandschaft des Penaudtales bietet sich ein fantastischer Blick auf die Gletscherspitzen der Ötztaler Alpen. Hier herrscht vollkommende Ruhe, die Natur gibt den Ton an. Gast- und Landwirtschaft funktionieren hier im Einklang mit der Natur und gegenseitigem Respekt. Die Almwirte schaffen es, diesen Leitgedanken mit viel Herz und Begeisterung ihren Gästen näher zu bringen. Erwartet man sich von einer solch rustikalen Almhütte ganz einfache Hausmannskost, so liegt man nur teilweise richtig. Verfeinert wird hier die Südtiroler Traditionsküche nämlich mit ganz viel Herz und Leidenschaft für Kreativität. Der Klassiker bleibt dennoch stets das traditionelle Brettl mit den almeigenen Käsespezialitäten!

Übernachtung

Es stehen 11 Schlafplätze in Bettenzimmern sowie 8 Plätze im Bergwiesenheu zur Verfügung. Auf eine warme Dusche muss hier niemand verzichten. Gepäcktransport nach Absprache, Hunde erlaubt, 40 Sitzplätze innerhalb und 90 Sitzplätze außen. Ideal für Familien.

Öffnungszeiten: Ende Mai bis Mitte Oktober

Karthaus
I-39024 Schnals

M +39 329 1410567
penaudalm@gmail.com
www.penaudalm.com

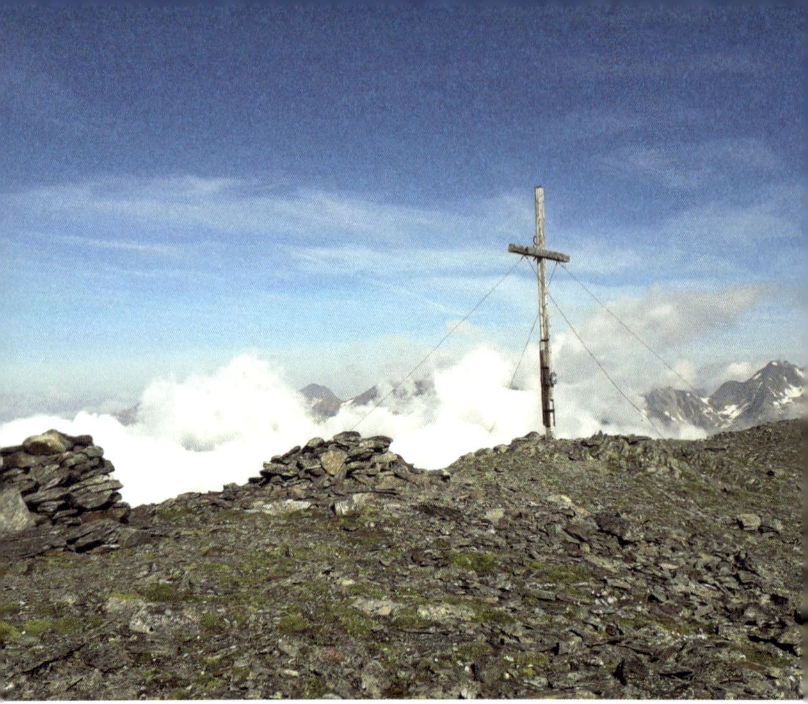

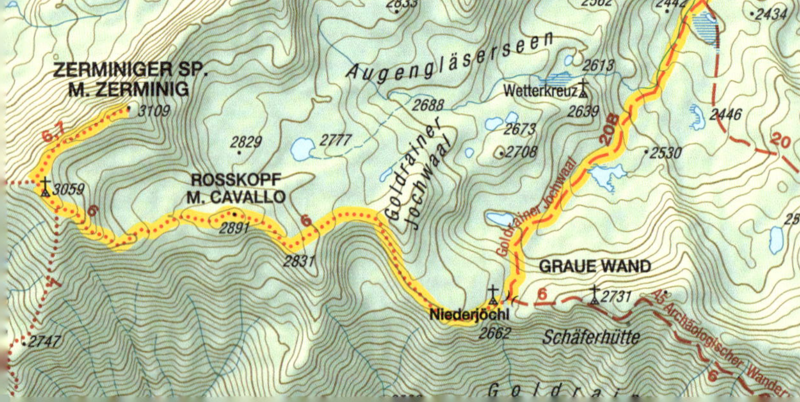
geomarketing
N
1 cm = 350 m
3109
3113
Seekar
2960
2745
Erdscharte
Forcella Terza
3010
2697
Penaudalm
2319
Bei Den
2884
3063
2815
2833
2562
2442
2434
Augengläserseen
2613
ZERMINIGER SP.
M. ZERMINIG
3109
Wetterkreuz
2688
2639
2446
2829
2777
2673
2708
2530
3059
ROSSKOPF
M. CAVALLO
Goldrainer Jochwaal
2891
2831
GRAUE WAND
Niederjöchl
2662
2731
Schäferhütte
2747
Archäologischer Wander
Goldrainer Jochwaal

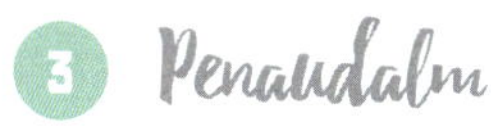

AUF DEN ZERMINIGER, 3109m

Tourenbeschreibung

Der höchste Gipfel am Sonnenberg, ein veritabler Dreitausender, ist relativ einfach zu besteigen und belohnt für die (nicht sehr große) Mühe mit einem phantastischen Rundumblick.

Von der Alm folgt man der Mark. 20B, auch Archäologischer Wanderweg A5, nach Südwesten. Die Beschilderung zum Zerminiger ist nicht zu übersehen und nicht zu verfehlen. Kurz unterhalb des Niederjöchls trifft man auf die Mark. 6, die von St. Martin im Kofel heraufführt. Der Markierung folgt man nach rechts, zuerst ziemlich flach, dann wieder etwas steiler geht es unschwierig den Kamm entlang zum Roßkopf und weiter zum recht flachen Vorgipfel mit dem großen Gipfelkreuz. In etwa 20 Minuten kann man über den problemlosen Blockgrat zum Hauptgipfel mit dem kleinen Holzkreuz aufsteigen.

Abstieg wie Aufstieg.

Besonderheit

Der Blick nach Osten fällt auf mehrere kleinere und größere Seen. Zumindest dem Namen nach bekannt sind sicher die Augengläser-Seen. Schön leuchten sie herauf aus der kargen Hochgebirgslandschaft.

 Penaudalm

 ca. 5½ Std.

 ca. 850 m

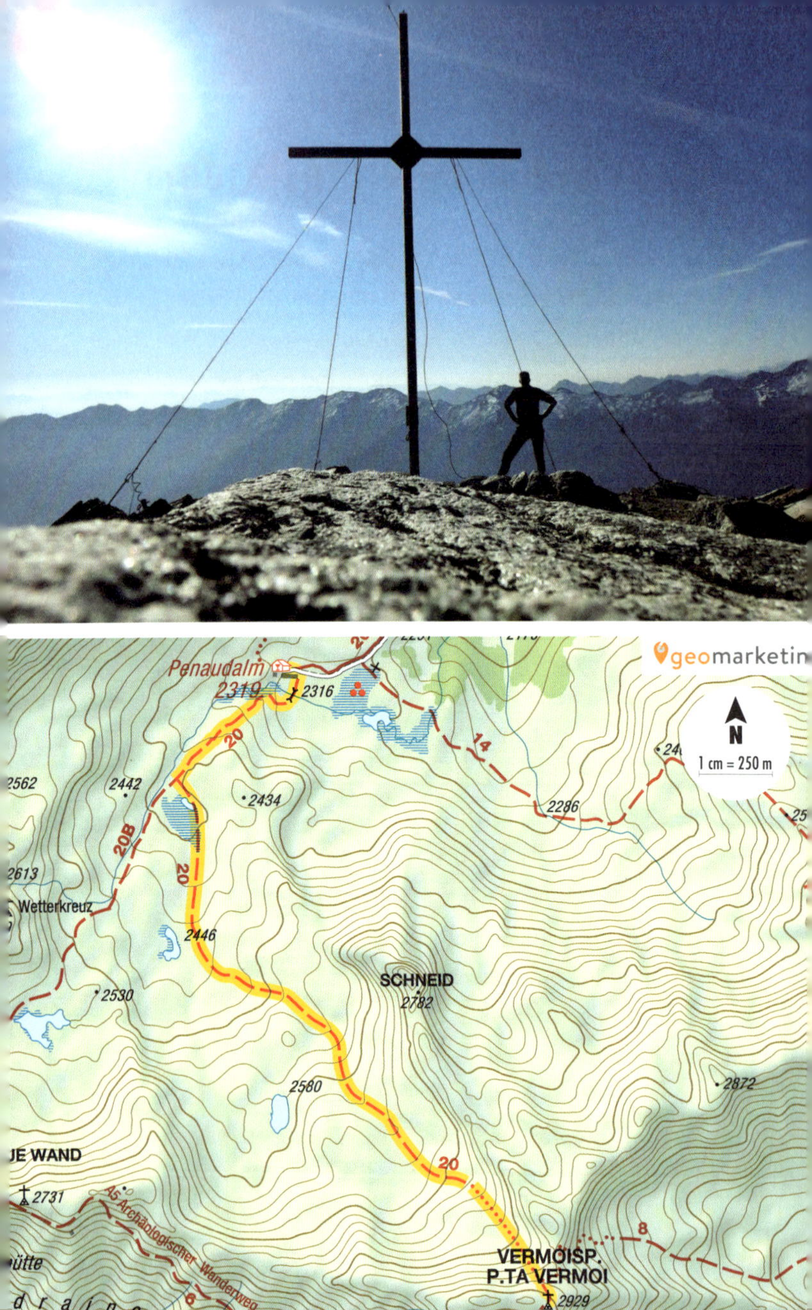
Penaudalm
2319
2316
20
14
geomarketin
N
1 cm = 250 m
2562
2442
2434
2286
20B
2613
20
Wetterkreuz
2446
SCHNEID
2782
2530
2580
2872
JE WAND
20
2731
45 Archäologischer Wanderweg
8
VERMOISP.
P.TA VERMOI
2929
6

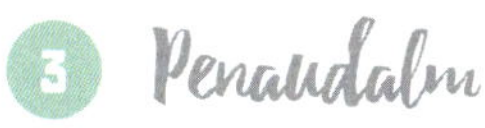

AUF DIE VERMOISPITZE, 2929 m

Tourenbeschreibung
Die Vermoispitze ist ein „Fast-Dreitausender", der sich von der Penaudalm aus leicht ersteigen lässt. Die Mark. 20 – gleichzeitig Archäologischer Wanderweg A5 – führt ziemlich gleichmäßig, aber nie besonders steil, hinauf. Nach einer knappen halben Stunde verlässt man den archäologischen Wanderweg nach links und bleibt auf der Mark. 20, die durch ein Tälchen hinaufführt zu einem Sattel. Bereits von diesem aus ist der Ausblick atemberaubend. Das Gelände wird zunehmend „gerölliger", aber das Gipfelkreuz, das wenige Meter unterhalb des höchsten Punktes steht, ist in wenigen Minuten erreicht.
Der Vinschgau zwischen Meran und Prad liegt wie ein offenes Buch vor dem Betrachter, mehr als 2300 m tiefer grüßt Latsch herauf, von links nach rechts sieht man Hasenöhrl, Veneziaspitzen, Zufallspitze und im Hintergrund Cevedale sowie König Ortler. Wenn man sich umdreht, sind der Similaun mit seinem Gletscher und die Hintere Schwärze dominant.
Rückweg wie Aufstieg.
TIPP: Der Abstieg vom Gipfel über den Grat zum Niederjöchl ist sehr ausgesetzt und mit vielen, auch größeren losen Steinen besetzt. Er ist auf jeden Fall nur wirklich erfahrenen Berggehern vorbehalten.

 Penaudalm

 ca. 3 Std.

 ca. 600 m

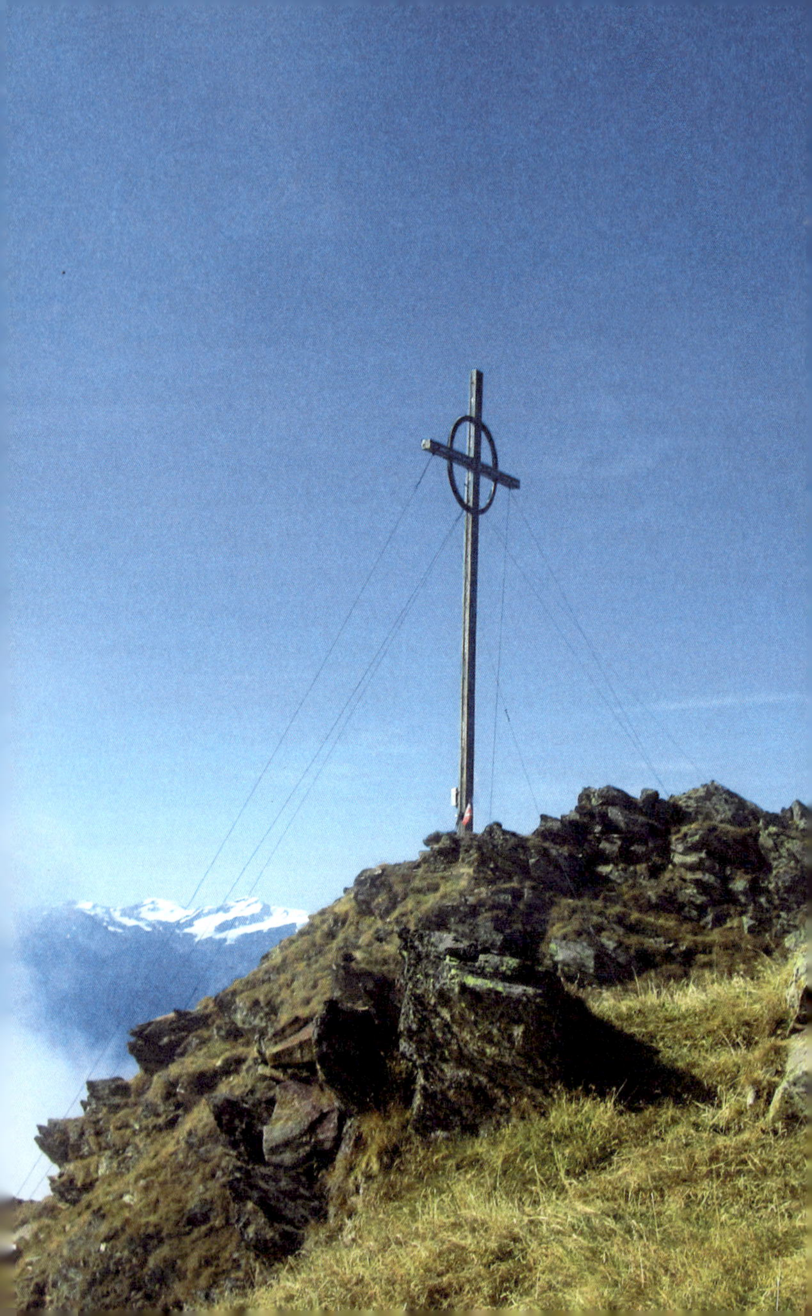

4 Kirchbachspitze, 2951 m

Die Kirchbachspitze ist der Hausberg von Naturns und bildet den südlichsten Eckpfeiler der Texelgruppe mit einem traumhaften Rundumblick vom hinteren Schnalstal (z. B. Weißkugel, Similaun) über die Ortlergruppe hin zur Mendel und weiter in die Dolomiten, Sarntaler Alpen sowie einem Tiefblick von fast 2500 Metern in den Vinschgau.

Tourenbeschreibung

Ausgangspunkt dieser Bergtour ist die Bergstation (1285 m) der Seilbahn Unterstell oberhalb von Naturns. Zuerst geht es über Weg Nr. 10A und 10 über den Patleidhof bis zum Berggasthof Linthof auf 1465 m und dann in mäßiger Steigung zur Jausenstation Dickhof. Zunächst etwas steil durch den Hochwald beginnt dann ein moderater Abschnitt hinüber zur Dickeralm (2060 m) und weiter zur Oberen Mairalm (2095 m), ein über 500 Jahre altes uriges Almgebäude. Nach einem weiteren Aufstieg auf Weg Nr. 10A ist die Weggabelung Gingljoch und Kirchbachspitze erreicht. Von dort aus beginnt der schweißtreibende Anstieg zum Gipfel. Der Weg über das Gingljoch führt zur Lodner Hütte im Zieltal. Der Weg zur Kirchbachspitze ist weiterhin mit 10A markiert und sehr der Sonne ausgesetzt, da

von Meran oder Reschen kommend bis Naturns, Kompatsch, Parkplatz Seilbahn Unterstell

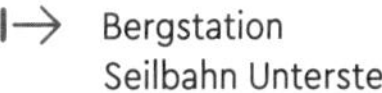

Bergstation Seilbahn Unterstell

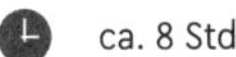

ca. 8 Std.

17 km

1670 m

Gute Kondition, Trittsicherheit und Schwindelfreiheit sind Voraussetzung.

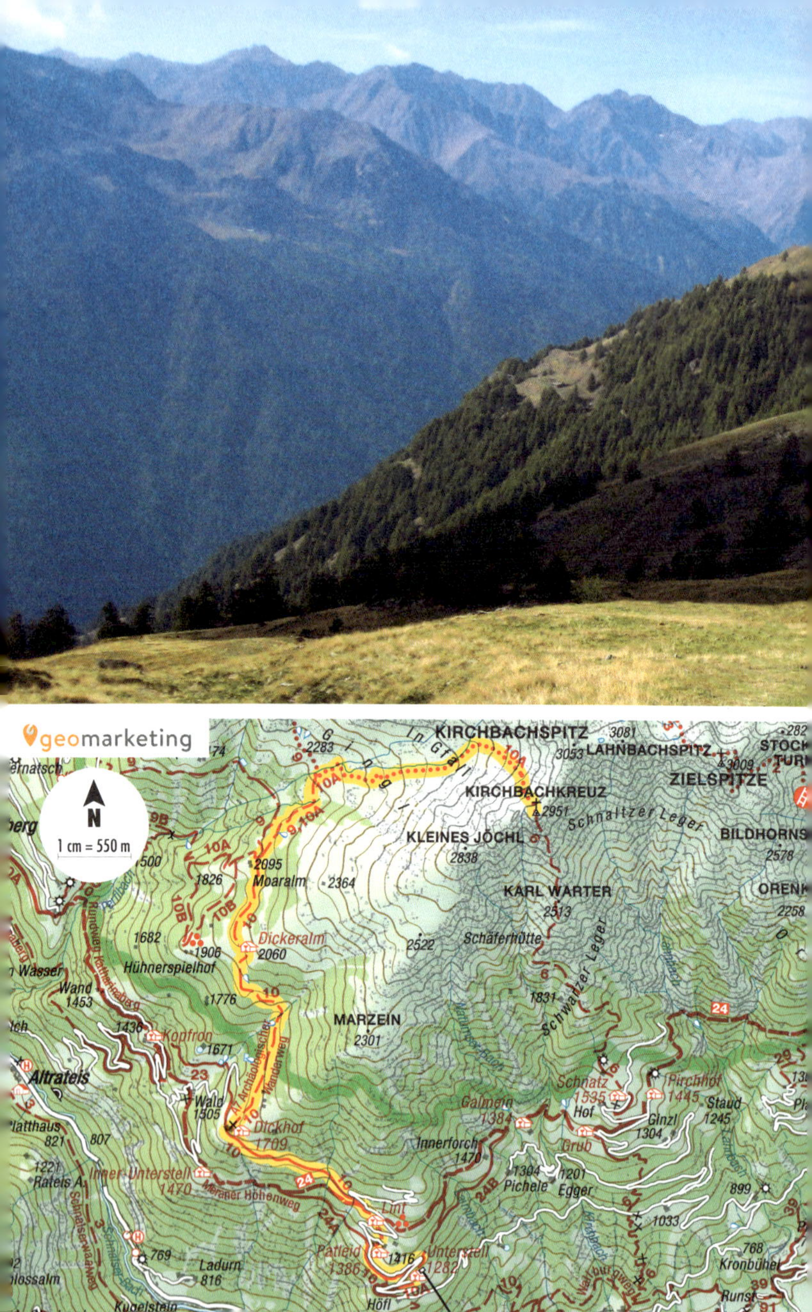

geomarketing
N
1 cm = 550 m
KIRCHBACHSPITZ
3081
3053
LAHNBACHSPITZ
3009
ZIELSPITZE
KIRCHBACHKREUZ
2951
Schnaltzer Leger
KLEINES JÖCHL
2838
BILDHORNS
2578
KARL WARTER
2513
Schäferhütte
2522
2364
2283
2095
Moaralm
1826
Dickeralm
2060
1906
1682
Hühnerspielhof
Wand
1453
1776
1436
Kopfron
1671
MARZEIN
2301
1831
Schwarzer Leger
Altrateis
Wald
1505
Dickhof
1709
Inner Unterstell
1470
Meraner Höhenweg
Innerforch
1470
Galmein
1384
Schnatz
1535
Hof
Pirchhof
1445
Staud
1245
Ginzl
1304
Grub
Pichele
Egger
1201
899
1033
768
Kronbühel
Runst
Linz
Patleid
1386
1416
Unterstell
1282
Höfl
Ladurn
816
769
Kugelstein
Rateis A.
Platthaus
821
807
Schnalserwaalweg
Archäologischer Wanderweg
Rundweg Katharinaberg

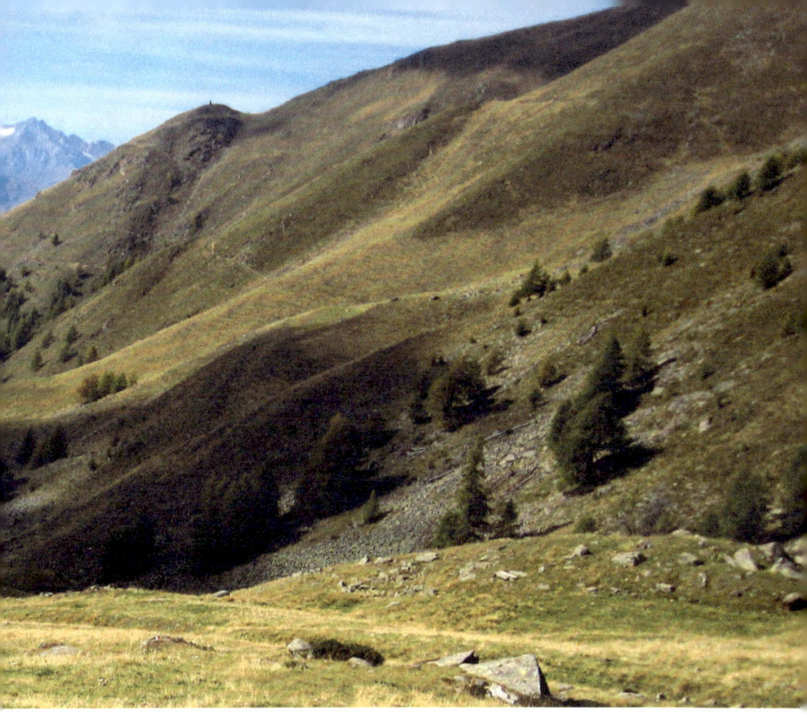

die Waldgrenze überschritten ist. Weiter geht es unterhalb der Gfallwand zum letzten beschwerlichen Aufstieg bis zum Gipfelgrat über einem Kar, welches mit Vorsicht angegangen werden sollte, da es sich größtenteils um lose Steine und Geröll handelt. Die letzten Meter vom Grat zum gewaltigen Gipfelkreuz führen über eine etwas ausgesetzte Blockkletterei, die zwar ein wenig kraftraubend ist, aber durch das wunderschöne Panorama am Gipfel belohnt wird.

Der Abstieg erfolgt über die Aufstiegsroute.

5 Schutzhütte Nasereit, 1523 m

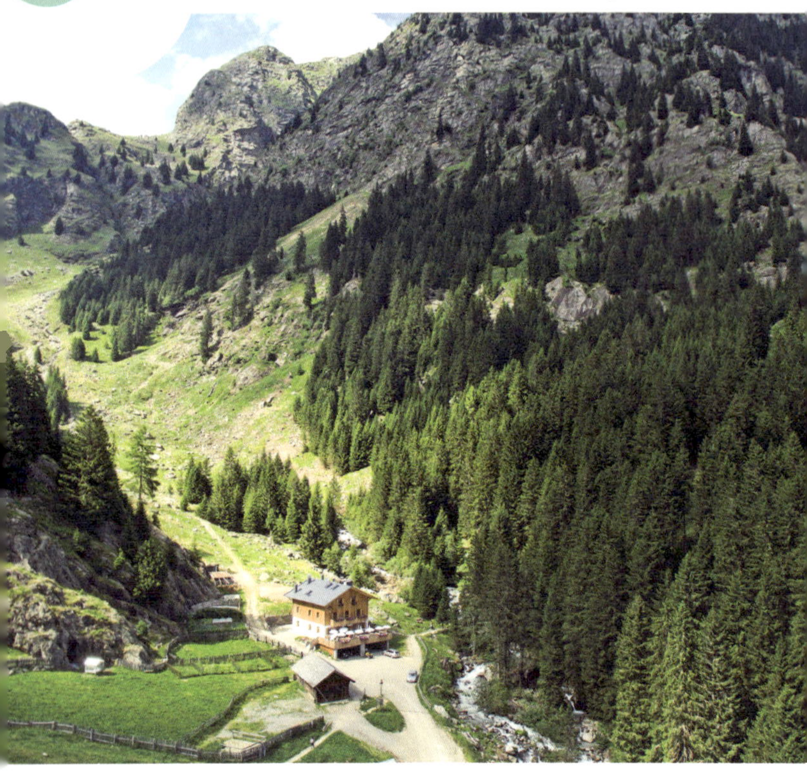

Zustiege

- Von der Bergstation der Texelbahn (Talstation in Partschins) beträgt die Wanderzeit über den Meraner Höhenweg Nr. 24 ca. 1 Stunde (80 Hm).
- Die Bergstraße, ausgehend von Partschins mit dem Gästebus oder PKW, bis zum Parkplatz Birkenwald, anschließend auf dem Weg Nr. 8b oder dem Alpinsteig hoch bis zur Nasereithütte (ca. 1½ Std.).
- Von Algund bzw. Vellau mit dem Korblift bis zur Leiteralm und dann dem Meraner Höhenweg entlang bis zur Nasereithütte (3½–4 Std.).

Die neu erbaute Schutzhütte befindet sich in 1523 m Höhe am Eingang des wunderschönen Zieltales inmitten der unberührten Landschaft des Naturparks Texelgruppe. Serviert werden Ihnen typische Tiroler Gerichte aus stets frischen Zutaten, bevorzugt aus dem eigenen Gemüse- und Kräutergarten. Überzeugen Sie sich selbst von der Qualität der Gerichte, die Sie in der gemütlichen Stube oder auf der Sonnenterrasse genießen können.
Die Nasereithütte befindet sich im Herzen des Naturparks Texelgruppe und ist ein Etappenziel des Meraner Höhenweges, der die gesamte Texelgruppe umrundet. Die Hütte ist ein beliebter Startpunkt zu vielen Gipfeltouren in der Umgebung: Zielspitze, Blasiuszeiger, Schwarzwand, Lazinser Rötelspitz, Tschigat, Sattelspitz und andere.

Die Unterkunft

Für einen angenehmen Aufenthalt am Berg bietet die Hütte die entsprechenden Übernachtungsmöglichkeiten, 26 Schlafplätze in Doppel- und Mehrbettzimmern sowie ein geräumiges Bettenlager, Duschen und am Morgen ein herzhaftes Frühstück mit lokalen Produkten.

Öffnungszeiten: Ostern bis Anfang November

Zieltal 5
I-39020 Partschins bei Meran (BZ)

T +39 340 4941347
info@nasereit.com
www.nasereit.com

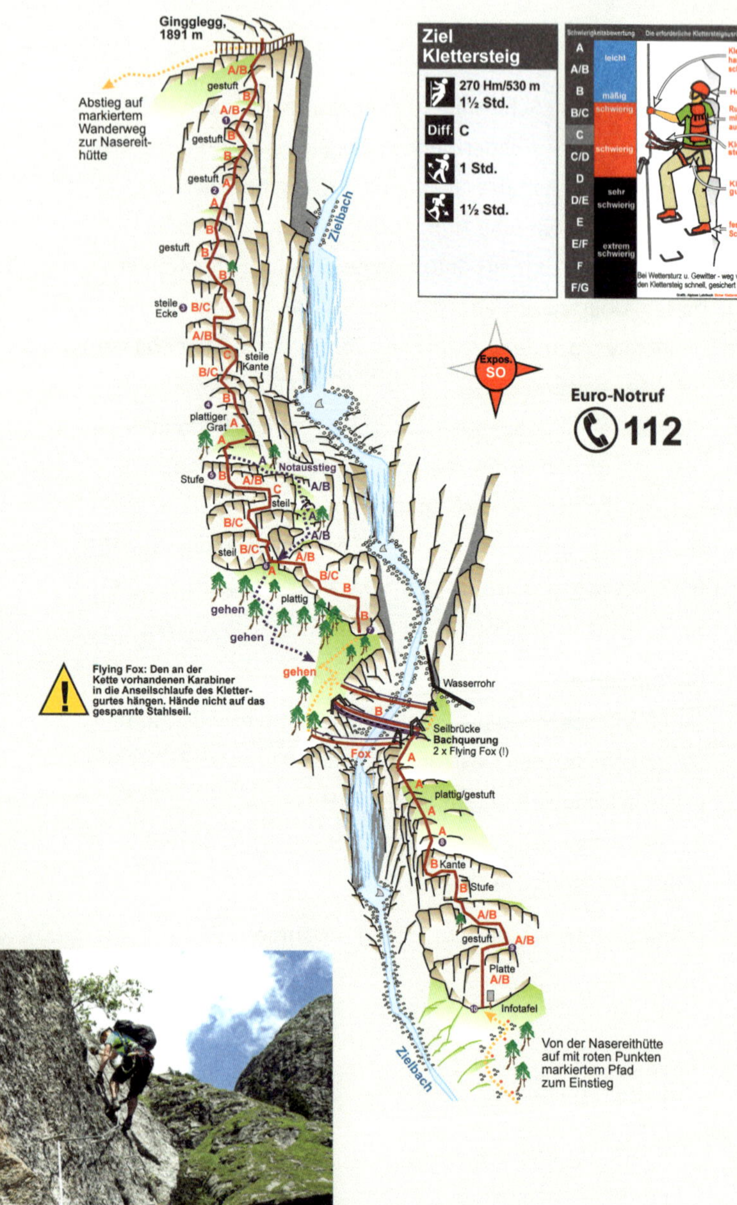

Gingglegg, 1891 m
Abstieg auf markiertem Wanderweg zur Nasereithütte
gestuft
steile Ecke
steile Kante
plattiger Grat
Stufe
Notausstieg
steil
plattig
gehen
Zielbach
Wasserrohr
Seilbrücke
Bachquerung
2 x Flying Fox (!)
Fox
plattig/gestuft
Kante
Platte
Infotafel
Von der Nasereithütte auf mit roten Punkten markiertem Pfad zum Einstieg
Flying Fox: Den an der Kette vorhandenen Karabiner in die Anseilschlaufe des Klettergurtes hängen. Hände nicht auf das gespannte Stahlseil.
Ziel Klettersteig
270 Hm/530 m
1½ Std.
Diff. C
1 Std.
1½ Std.
Expos. SO
Euro-Notruf
112
Schwierigkeitsbewertung
A
A/B
B
B/C
C
C/D
D
D/E
E
E/F
F
F/G
leicht
mäßig
schwierig
sehr schwierig
extrem schwierig
Die erforderliche Klettersteigausrüstung:
Klettersteighandschuhe
Helm*)!
Rucksack mit Notfallausrüstung
Klettersteigset*)!
Klettergurt*)!
festes Schuhwerk
Bei Wettersturz u. Gewitter - weg vom Eisen, den Klettersteig schnell, gesichert verlassen!

5 Schutzhütte Nasereit

DER ZIEL-KLETTERSTEIG

Direkt an der Schutzhütte Nasereit überquert man eine Brücke und folgt der Beschilderung des Klettersteigs. Ein Waldweg führt zu den Hochweiden; rote Markierungspunkte und Steinmännchen kennzeichnen den Einstieg zum Klettersteig.

Tourenbeschreibung

Der erste Teil des Steiges, der zwei exponierte Stellen (Schwierigkeit C) mit Tiefblick auf den Zielbach aufweist, ist auch für klettererfahrene Familien mit Kindern geeignet. Die Abstände zwischen den einzelnen Sicherungspunkten wurden besonders kurz gehalten. Am Ausstieg dieses Abschnittes erreicht man eine Wiesenkuppe am Zielbach, welcher entweder über eine Seilbrücke überquert oder mittels Zipline (lediglich Klettergurt mit Klettersteigset erforderlich) überwunden werden kann.

Für Familien bietet sich die Zipline an; der Rückweg erfolgt über die Seilbrücke. Rote Punkte markieren den Abstieg von der Wiesenkuppe und über den Wanderweg geht's in etwa 30 Minuten wieder hinab zur Schutzhütte Nasereit.

 Schwierigkeit B und C, gute Klettertechnik und Armkraft erforderlich

 Klettersteiglänge 500 m

 250 m

 2–2½ Std.

(i) empfohlener Zeitraum: Mai bis Oktober

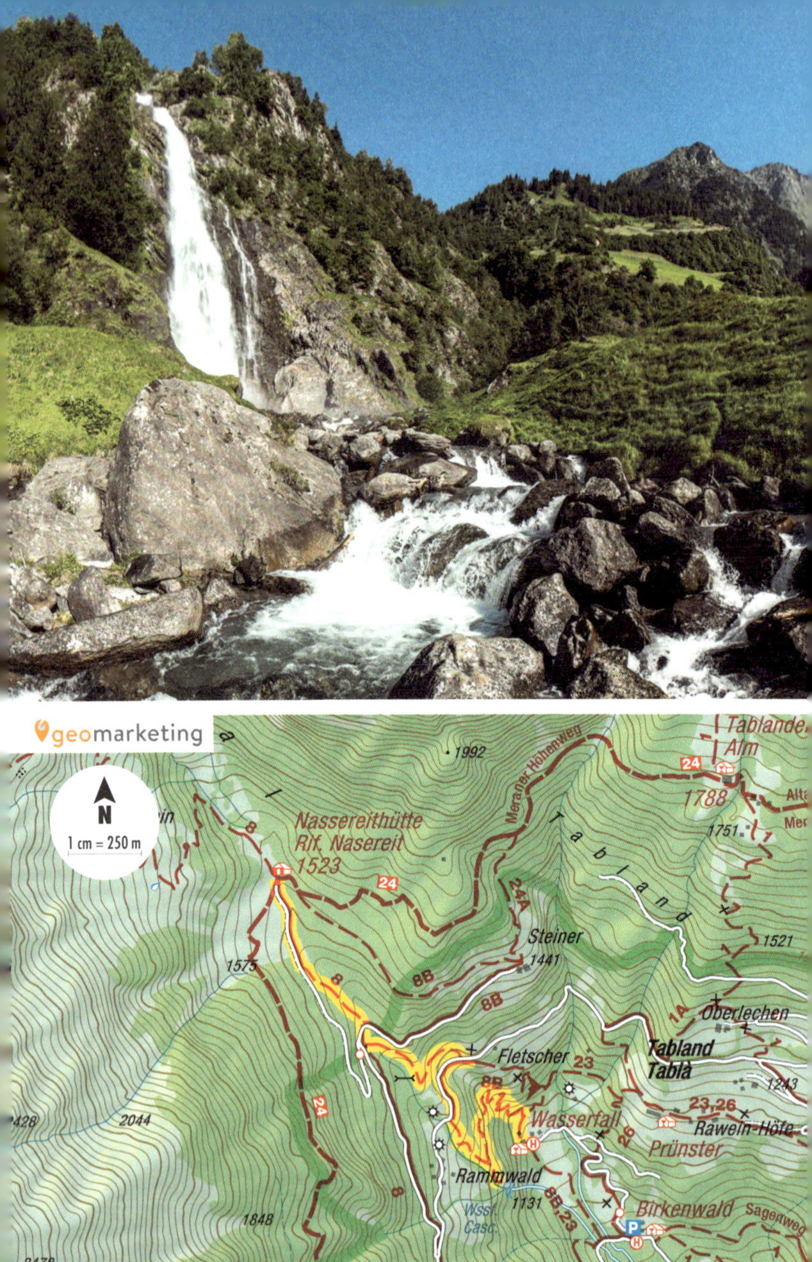
geomarketing
1 cm = 250 m
N
Nassereithütte
Rif. Nasereit
1523
Tablander
Alm
1788
1751
1992
Meraner Höhenweg
T a b l a n d
24
24A
8
8B
Steiner
1441
1521
1575
Oberlechen
1A
Tabland
Tablà
Fletscher
23
1243
23,26
Rawein-Höfe
Wasserfall
26
Prünster
2044
428
Rammwald
1131
8B,23
Wssf.
Casc.
Birkenwald
Sagenweg
1848
2478
879

5 Schutzhütte Nasereit

ALPINSTEIG WASSERFALL

Diese Rundwanderung lässt hinter den größten Wasserfall Südtirols blicken. Atemberaubende Aussichtspunkte, das Rauschen der Kaskaden sowie gemütliche Sitzgelegenheiten laden zum Verweilen und Entspannen ein. Wer dem Partschinser Wasserfall vorab noch ganz nah kommen will, macht einen kurzen Abstecher (5 Gehminuten) zur Aussichtskanzel.

Tourenbeschreibung

Hinter dem Gasthaus Wasserfall führt der Weg am alten historischen Kraftwerk Wasserfall vorbei. Der Wegbeschreibung 8B für einige Meter folgen, bis zur Abzweigung links mit der Markierung „Alpinsteig Wasserfall". Nun geht es in zahlreichen Serpentinen angenehm bergauf bis zur Abzweigung zum Aussichtspunkt. Hier lohnt es sich, die kurze Strecke abwärts zu wandern und einen Blick in die smaragdgrünen Gumpen zu werfen. Über denselben Rückweg geht es dann wieder aufwärts und am beeindruckenden, haushohen Felsen vorbei bis zur Asphaltstraße. Diese überqueren und dem neu angelegten Alpinsteig bergauf folgen, bis nach 1½ Std. Gehzeit die Nasereithütte erreicht wird.

|→ Gasthaus Wasserfall, Partschins

ca. 1 Std.

1303 m

→ 2,91 km

mittel

↗ 293 m

393 m

→| Gasthaus Birkenwald

6 Schutzhaus Hochgang, 1839 m

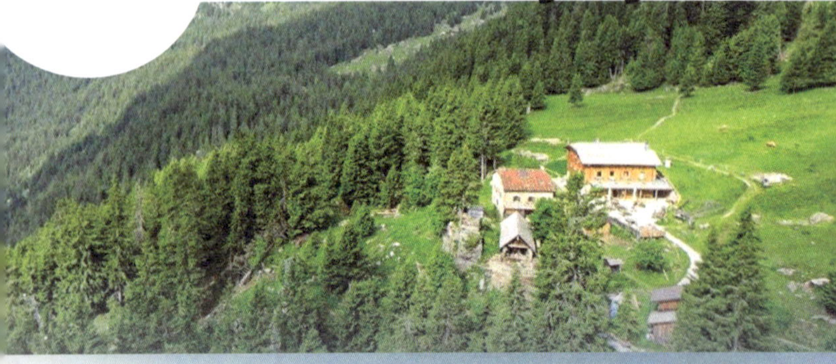

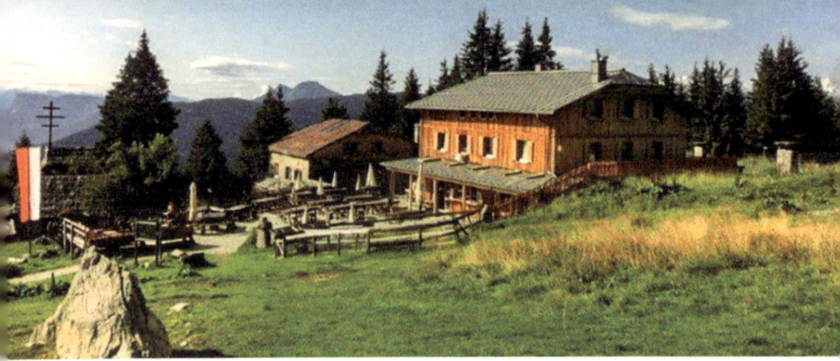

Zustiege

- Von Algund mit dem Sessellift und dem Korblift bis zur Leiteralm; weiter über den Hochgangweg Nr. 24 bis zum Schutzhaus Hochgang.
  Gehzeit: ca. 1½ Std. (300 Hm)
- Von Dorf Tirol mit der Seilbahn auf die Hochmut; auf dem etwas ausgesetzten Weg Nr. 24 (Hans-Friedens-Weg) über die Leiteralm zur Hütte.
  Gehzeit: ca. 2½ Std. (500 Hm)
- Von Partschins-Dorf Weg Nr. 7 bis zum Schutzhaus Hochgang.
  Gehzeit: ca. 3½ Std. (1000 Hm)
- Von Giggelberg, Bergstation Texelbahn, Weg Nr. 24 (Meraner Höhenweg) bis zur Hütte.
  Gehzeit: ca. 3½ Std. (Hm bergauf: 530 m; Hm bergab: 260 m)

Das Haus wurde von Anton Menz – Besitzer des Goidner-Hofes in Marling – um 1906 erbaut und 1910 als Touristenhaus eröffnet. Der Bau des neuen Hauses wurde 2010 fertiggestellt, in diesem werden jetzt Bergfreunde und Gäste bedient und verwöhnt. Ab 7 Uhr ist das Frühstücksbuffet eröffnet: Mit Kaffee, verschiedenen Tees, Milch, Joghurt, Müsli, Aufstrichen und frischem Wurstaufschnitt startet man gut gestärkt in den neuen Tag. In der Mittagszeit gibt es einfache und gute Hausmannskost wie Kaiserschmarren, Suppen, Knödel oder verschiedene Nudelgerichte. Auch kalte Brettljausen oder belegte Brote sind im Angebot. Übernachtungsgäste haben am Abend die Qual der Wahl und können aus der Speisekarte ihr Lieblingsessen auswählen.

Die Unterkunft

Die neue Hütte wurde neben der alten – welche unter Denkmalschutz steht – gebaut. Hier findet man mehrere Mehrbettzimmer, Duschen mit Warmwasser, WC und Strom. Im historischen Nebenhaus, welches ebenfalls renoviert wurde, stehen mehrere kleinere Zimmer, ein Lager und eine Küche für Selbstversorger zur Verfügung. Insgesamt haben auf dem Schutzhaus Hochgang 60 Personen Platz, Hüttenschlafsack und Handtücher sind mitzubringen. Bezahlung nur mit Bargeld möglich, Hunde sind willkommen (bitte bei Reservierung mitteilen).

Öffnungszeiten: 1. Juni bis Ende Oktober

I-39020 Partschins bei Meran (BZ)
T +39 0473 443310

erlacher@hochganghaus.it
www.hochganghaus.it

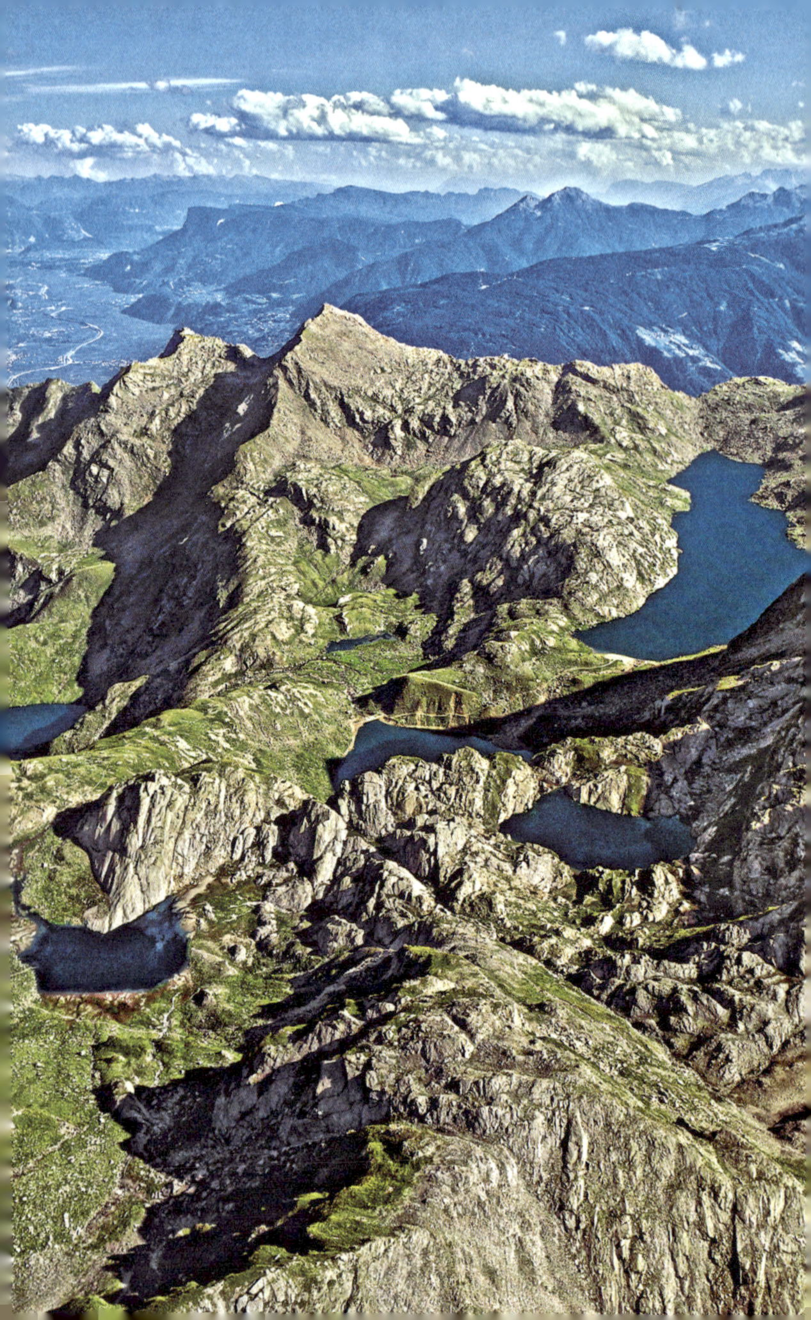

6 Schutzhaus Hochgang

VOM HOCHGANGHAUS ZU DEN SPRONSER SEEN

Die hier vorgeschlagene Wanderung ist landschaftlich sehr ansprechend, aber sehr lang und im Teilstück unterhalb der Hochgangscharte auch anspruchsvoll. Es empfiehlt sich daher eine Übernachtung im schön gelegenen Hochganghaus.

Tourenbeschreibung

Vom Hochganghaus folgt man der Markierung Nr. 7 ziemlich direkt hinauf zur Hochgangscharte. Im oberen Bereich ist der Steig schottrig, im letzten Abschnitt trifft man auf einige Seilsicherungen und Metallleitern. Nichts wirklich Außergewöhnliches, aber Trittsicherheit ist hier gefragt. Von der Scharte bietet sich ein prächtiger Tief- und Weitblick bis weit in die Dolomiten hinein (sehr gehfreudige Wanderer trauen sich auch noch die Spronser Rötelspitze oberhalb der Scharte zu; Gehzeit plus 1½ Stunden, 180 zusätzliche Höhenmeter; leichte Blockkletterei im Gipfelbereich). Nun steigt man ab in das weite Kar, in dem der Langsee liegt. Es ist der größte einer Gruppe von zehn Seen, die in der Eiszeit durch die Gletscher entstanden sind: die größte hochalpine Seengruppe Südtirols. Oberhalb und am Langsee entlang geht es weiter, hinunter zum Grünsee und zur

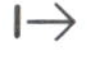 Schutzhaus Hochgang

 ca. 7½ Std.

 990 m

bewirtschafteten Oberkaseralm. Auf den Markierungen Nr. 22 und 25B setzt man fort zur Taufenscharte und steil hinunter auf den Meraner Höhenweg. Hier entweder nach rechts zurück zum Hochganghaus oder nach links zur Leiteralm und zur Bergstation des Korbliftes nach Vellau.

Variante: Vom Oberkaser kommt man über Weg Nr. 6 (Tiroler Höhenweg) über die Bockerhütte und dem Jägersteig zum Mutkopf und weiter zur Bergstation Hochmut.

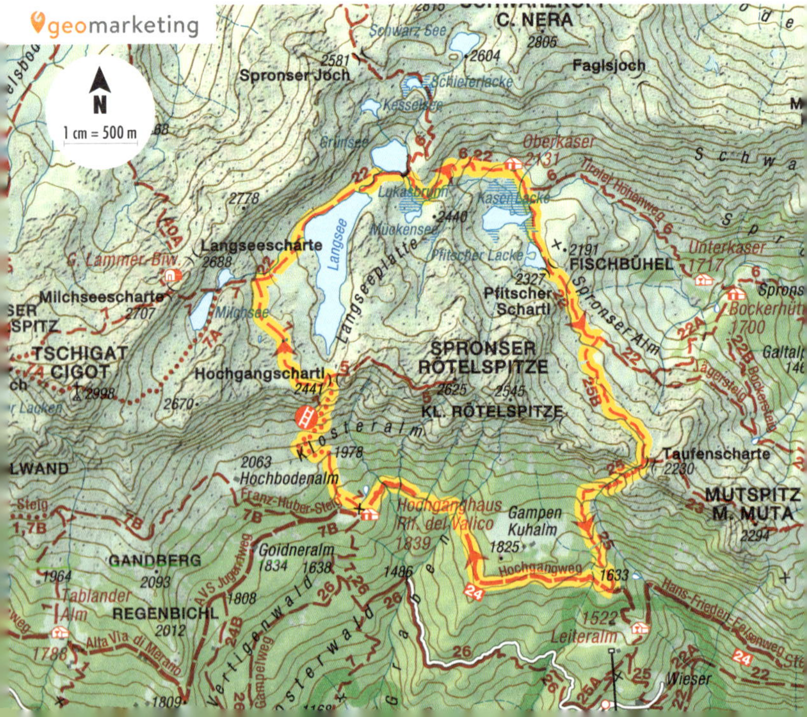

6 Schutzhaus Hochgang

VOM HOCHGANGHAUS NACH GIGGELBERG

Tourenbeschreibung
Vom Hochganghaus geht es über den Meraner Höhenweg Mark. 24 in stetem Auf und Ab über den AVS-Jugendweg vorbei an der Goidner Alm und weiter durch den Wald zur Lichtung der Hohen Wiege (prächtiger Aussichtspunkt!) bis zur Tablander Alm. Der Neubau aus Lärche ist wie geschaffen für diesen grandiosen Platz, der vom 3000 m hohen Tschigat überragt wird. Genau genommen ist der Berg 2998 m hoch, aber er gilt als Dreitausender und eine 2-m-Lüge ist verzeihlich! Weiter geht es dann abwärts zur Nasereithütte, dem tiefsten Punkt der Wanderung. Es folgt ein relativ gemütlicher Aufstieg über einen wunderbaren Weg, vorwiegend durch Wald. Dann geht es gemächlich hinunter zu den Wiesen rund um den Hof Giggelberg und zur Bergstation der Texelbahn, mit der man bequem ins Tal nach Partschins schwebt, von wo man den Bus nach Algund nehmen kann.

TIPP: Vom Hochganghaus aus bieten sich mehrere Tagesziele an. Am spektakulärsten ist sicher der erwähnte „Dreitausender" Tschigat. Es handelt sich um eine veritable Bergtour mit 1150 m Höhendifferenz. Sie verlangt Trittsicherheit, bereits im letzten Teilstück vor der Hochgangscharte (einige Leitern

|→ Schutzhaus Hochgang

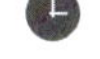 ca. 3½ Std.

 260 m

 530 m

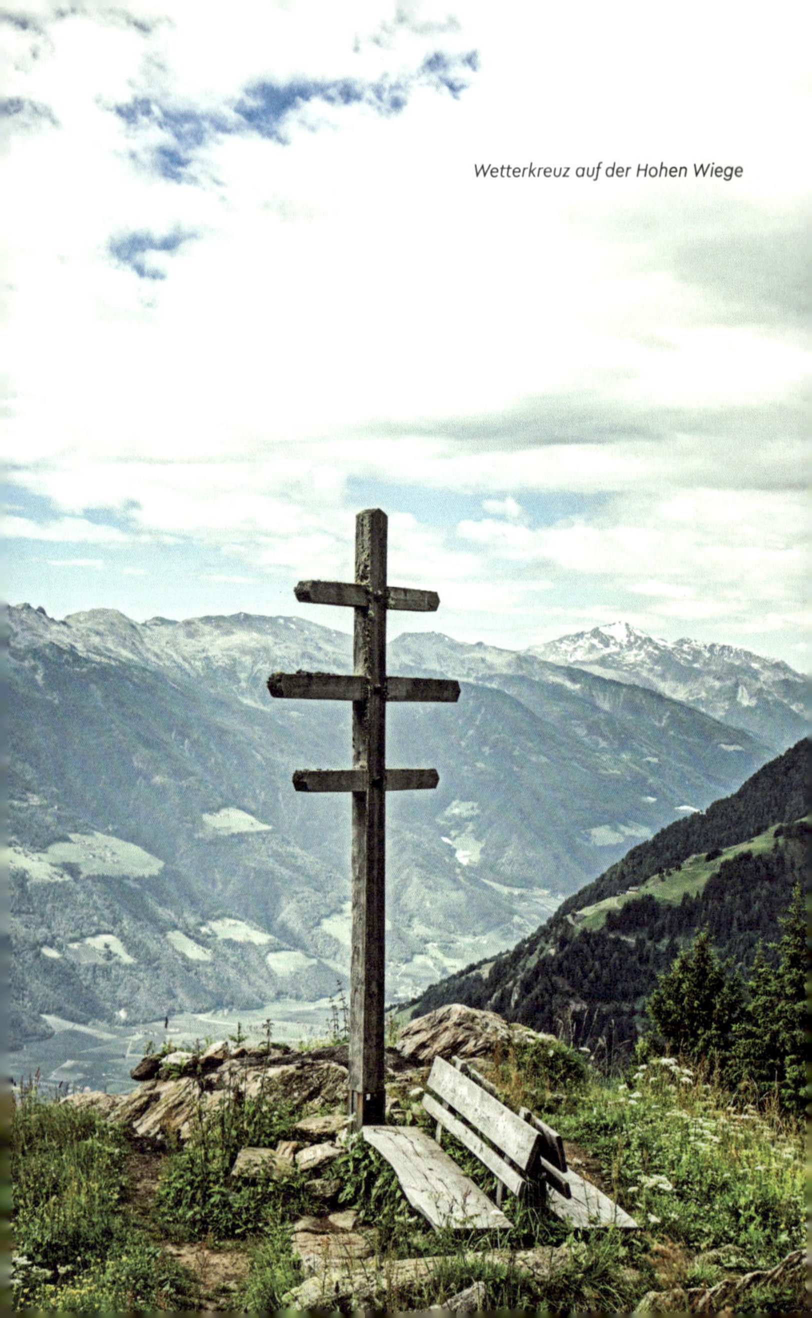

Wetterkreuz auf der Hohen Wiege

und Seile), vor allem aber im sog. Kamin im Schlussanstieg auf den Gipfel. Bei Schneeresten oder gar Eis kann es da sehr problematisch werden. Als Gehzeit vom Hochganghaus rechnet man mit ca. 4½ Stunden. Vom Hochganghaus steigt man auf Mark. 7 hinauf zur Hochgangscharte und weiter zu den Milchseen, wo man auf Mark. 7A wechselt, die zum Gipfel führt.

Weniger anspruchsvoll, aber trotzdem sehr aussichtsreich ist die Tour auf die Spronser Rötelspitze (auch Große Rötelspitze, 2625 m). Nach dem Aufstieg zur Hochgangscharte biegt man rechts ab auf Mark. 5 und steigt zum Teil weglos, aber immer einfach auf zum Gipfel. Als Gehzeit vom Hochganghaus rechnet man mit ca. 2 Stunden und 790 Höhenmetern.

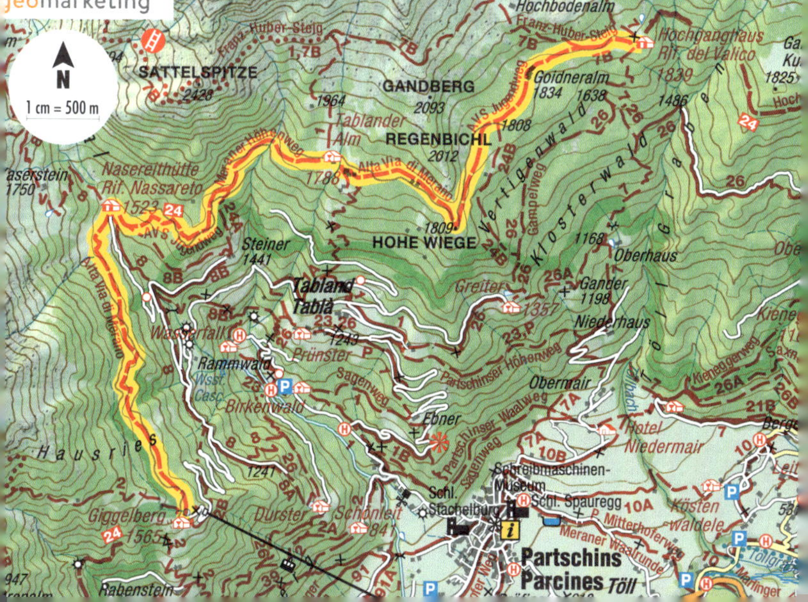

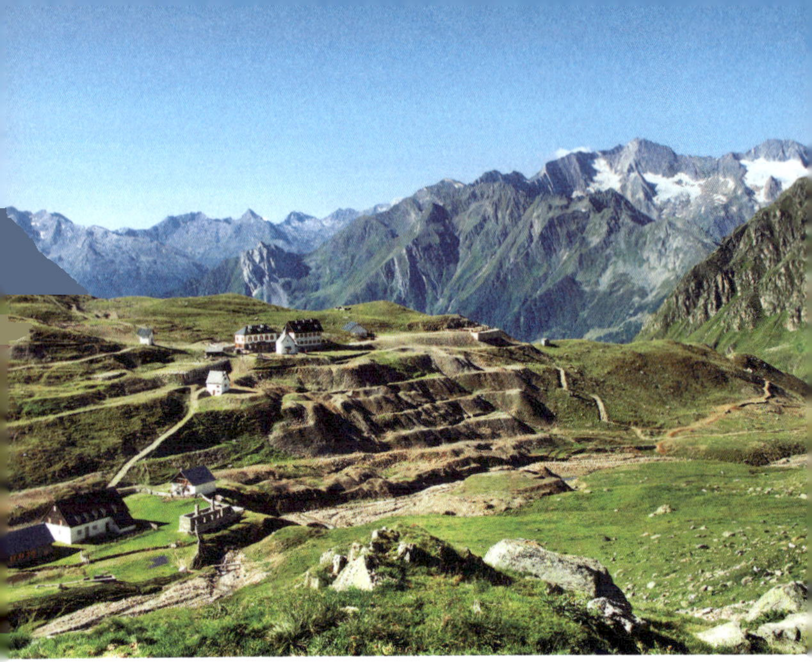

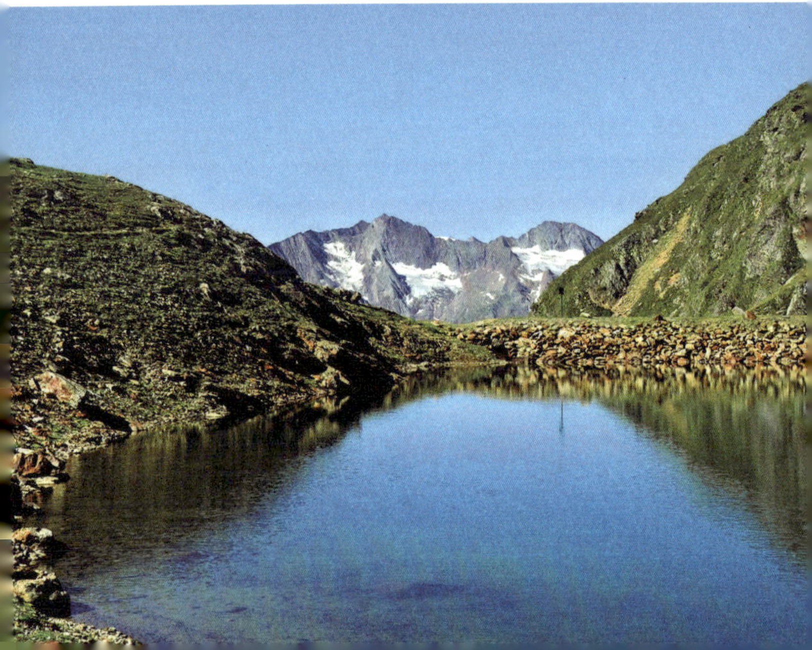

7 Rundwanderung nach St. Martin am Schneeberg

Eine sehr schöne, wenn auch eher lange Rundwanderung, die zwar auf keinen Gipfel führt, aber in der Karlscharte doch fast 2700 m Höhe erreicht. Landschaftlich großartig, fast zur Gänze oberhalb der Waldgrenze und mit den geologischen und historischen Besonderheiten von St. Martin am Schneeberg, dem uralten Bergwerk. Dort gibt es so viel zu entdecken und zu erleben, dass es einfach schade wäre, nur kurz im Schutzhaus einzukehren. Man plane eine Übernachtung ein, es lohnt sich allemal.

Tourenbeschreibung

Vom Parkplatz folgt man der Markierung Nr. 30 zunächst auf dem Güterweg am Bach aufwärts bis zur Timmelsalm. Oberhalb der Alm wird es steiler, vorbei an einem rauschenden Wasserfall erreicht man eine Verflachung und schließlich den letzten Steilaufschwung vor dem Timmels-Schwarzsee. Hier hält man sich rechts auf Markierung Nr. 29, überquert den Ausfluss des Sees und quert relativ flach den weiten Kessel. Nun folgt der eher steile Aufstieg zur Karlscharte zwischen

mit dem Bus von Meran nach Moos in Passeier und von dort mit der Busverbindung „Timmelsbus" bis zur Haltestelle Timmelsbrücke; wahlweise mit dem PKW ins Passeiertal bis Moos und weiter in Richtung Timmelsjoch bis zum Parkplatz Timmelsbrücke

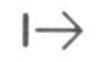
Parkplatz/Bushaltestelle an der Timmelsbrücke

7½–8 Std.

ca. 1000 m

Gürtelspitze und Schneeberger Weißen (Dolomite, Marmor des Schneebergzuges!). Aus der Scharte geht es steil, aber problemlos hinunter zum Schutzhaus. Wahlweise eher steil auf Markierung Nr. 27 oder flacher auf Markierung Nr. 29 steigt man ab in die moorige Senke von Seemoos und folgt dem Weg Nr. 29 in mäßigem Gefälle zurück zum Ausgangspunkt.

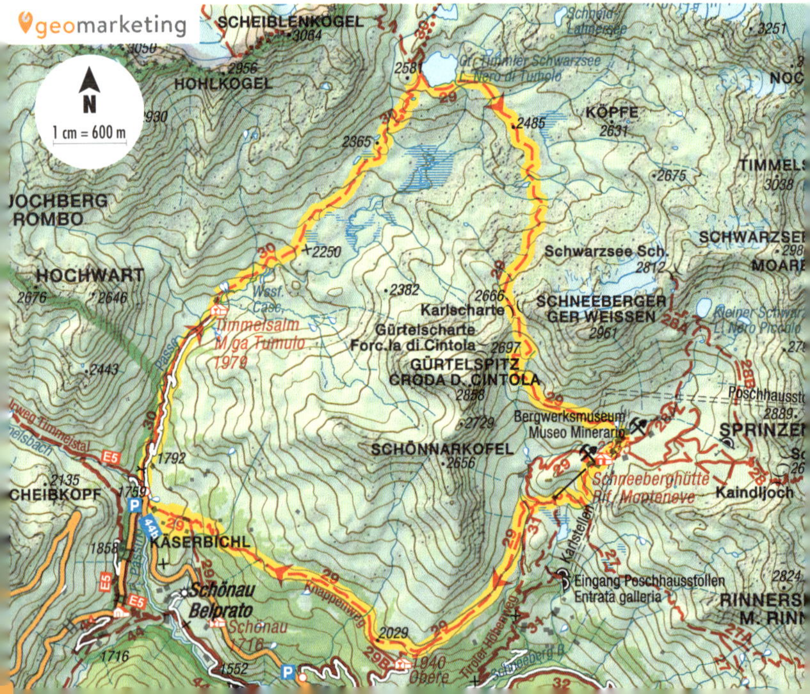

8 Alplerspitze, 2748 m

Dieser beeindruckende Gipfel direkt über der Ortschaft St. Martin ist die zweithöchste Erhebung in den Sarntaler Alpen! Die Umgebung ist wild und einsam, der Aufstieg zum aussichtsreichen Gipfel ist lang und steil, zudem gilt es einen ansehnlichen Höhenunterschied zu überwinden. Insgesamt ist der Weg verhältnismäßig einfach, der felsige und ausgesetzte Südgrat ist jedoch mit Vorsicht zu begehen! Um diese Bergtour zu einer schönen Runde zusammenzuschließen, sollte man auf alle Fälle den Abstieg über den Nordgrat wählen!

Tourenbeschreibung

Man überquert zuerst eine Brücke und folgt dann dem Weg zu den letzten Höfen. Über die Naturstraße (Mark. Nr. 2) wandert man durch das enge und grüne Fartleistal (Richtung Südosten) bis zur wunderschönen Prantacheralm (auch Fartleisalm, 1470 m). Nun folgt man kurz einem Saumpfad und wendet sich dann nach rechts, überquert den Fartleisbach und geht über weite Almwiesen bis in den Talschluss (Mark. 2A). Dort führt der Weg steil aufwärts bis zu einer Alm (2032 m, Biwak). Nachdem man eine schöne Grasmulde durchquert hat, steigt man wieder steil über einen Hang aufwärts und gelangt so zum Pfandljoch (2433 m, Blick auf das Grünangertal und den

von Meran durch das Passeiertal bis nach St. Martin und weiter nach Prantach

|→ Fartleistal (Parkplatz auf 1100 m)

7–7½ Std.

ca. 1700 m

E (Süd- und Nordgrat des Gipfels EE)

Nordwest, Süd

Hirzer). Vom Joch wendet man sich nach links und folgt dem aussichtsreichen Weg Nr. 2 über den Kamm. Nachdem man die Höhen 2535 m und 2654 m erreicht hat, verengt sich der Kamm; er wird felsig und ausgesetzt (besonders im oberen Teil). Es gilt nun noch einen steilen und exponierten Grasaufschwung zu überwinden, um dann in leichter Kletterei den Gipfel der Alplerspitze zu erreichen.
Vom Gipfelkreuz (mit Gipfelbuch) hat man einen ausgezeichneten und weitreichenden Panoramablick, der von der Verdinser Plattenspitze über den Hirzer, vom Fartleis- und Passeiertal über die Hochwart, das Sarner Weißhorn und den Grubenkopf bis hin zu den Sarntaler Bergen reicht (Blick auch auf die Texelgruppe, die Passeirer Berge und die Stubaier Alpen). Für den Abstieg wählt man den Weg über den Nordgrat; nach einem kurzen, drahtseilgesicherten Abschnitt gelangt man auf 2606 m zu einem Einschnitt im Grat, wo man sich nach links (westlich) wendet und durch eine äußerst steile Rinne (oft noch Restschnee) über den Weg Nr. 2 zur Hühnerspielalm (1980 m) absteigt. Über viele Kehren führt der Weg weiter zur Prantacheralm (Einkehrmöglichkeit) und von dort über den Anmarschweg zurück zum Ausgangspunkt.

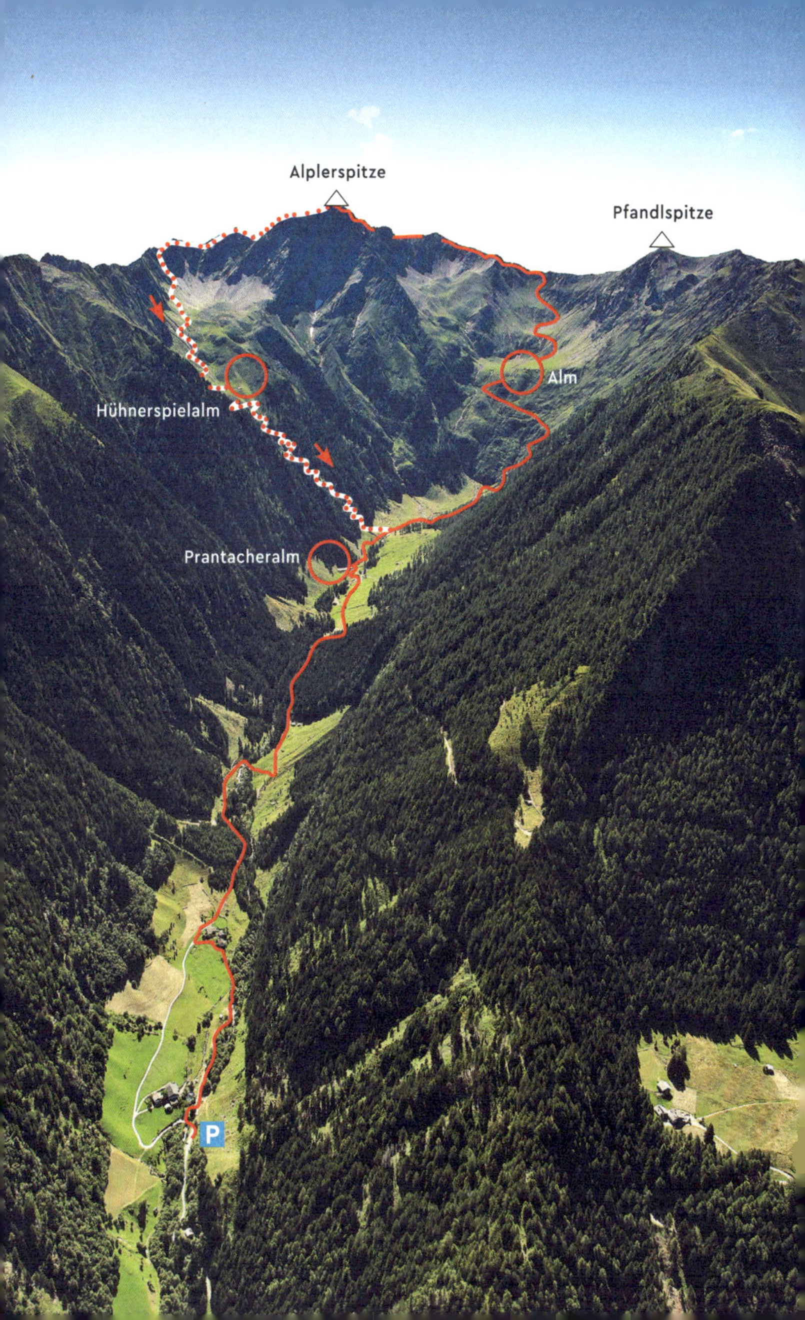
Alplerspitze
Pfandlspitze
Alm
Hühnerspielalm
Prantacheralm
P

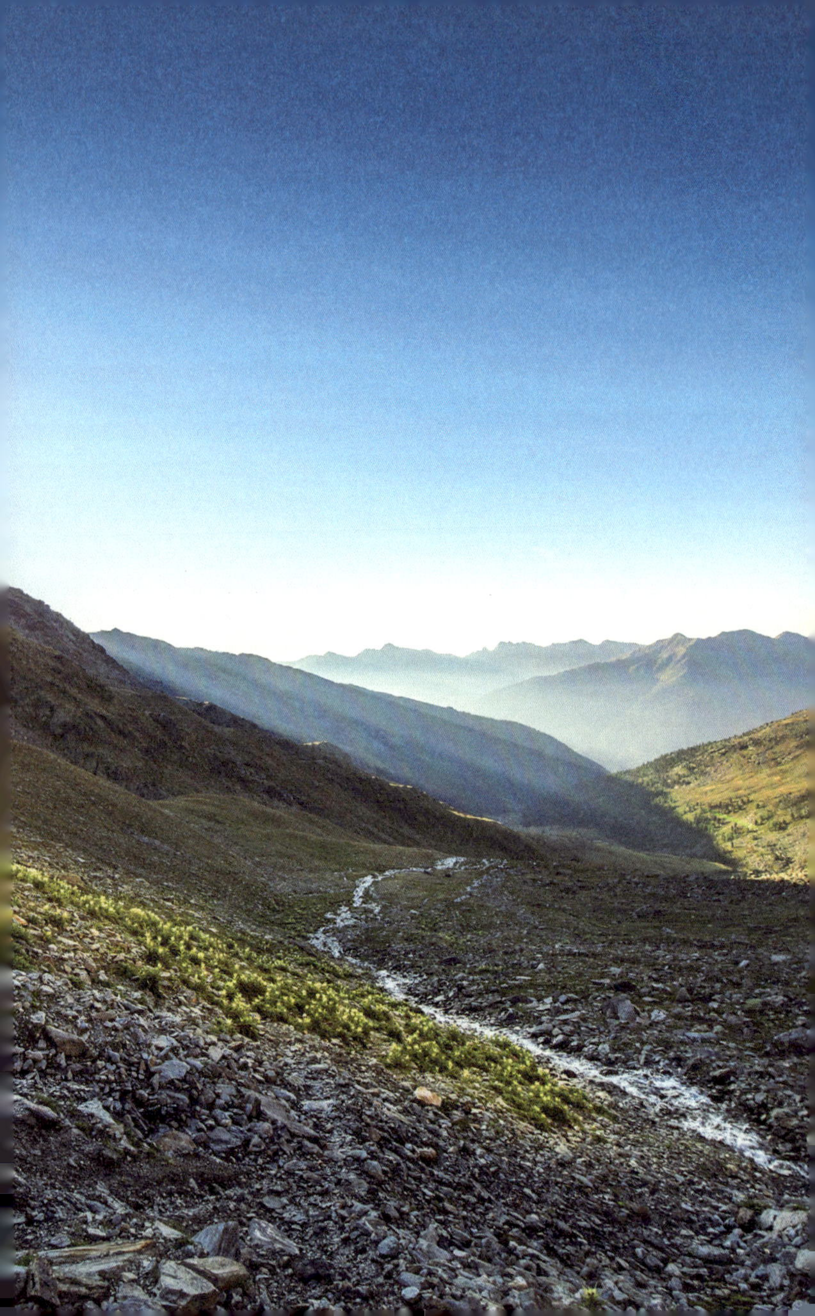

9 Über das Flatschbergtal zum Hasenohr

Die Aufstiegsroute über das Flatschbergtal auf das Hasenohr (3257 m) weist keine besonderen Schwierigkeiten auf, ist jedoch um einiges länger als der Aufstieg über die Kuppelwieser Alm.

Tourenbeschreibung

Vom Parkplatz ausgehend folgt man in angenehmer Steigung der Forststraße zur Vorderen Flatschbergalm (1905 m, ca. 30 Minuten). Allmählich wird die Forststraße etwas steiler und man erreicht die Hintere Flatschbergalm (2111 m, ca. 1 Stunde). Je nach Jahreszeit ist jeweils eine der beiden Almen bewirtschaftet. Auf der Hinteren Flatschbergalm angekommen, folgt man zunächst dem Wanderweg Nr. 143 Richtung Tuferspitze, der mäßig steil dem Flatschbach entlangführt. Nach rund 2 Stunden erreicht man eine Weggabelung, an der man sich rechts hält und den steilen Weg Nr. 148 Richtung Hasenohr einschlägt. Nach einem etwas flacheren Abschnitt an zwei Steinmännern vorbei gelangt man schließlich zu zwei Schmelzwasserseen. Am Ende des zweiten Sees beginnt der fast senkrechte Aufstieg über

durchs Ultental Richtung Weißbrunn; nach der vierten Kehre rechts zu den Flatschhöfen abbiegen und weiter bis zum Parkplatz entlang der Forststraße Richtung Flatschbergalm

mehrere, kostenlose Parkmöglichkeiten kurz nach Beginn der Forststraße Flatschbergalm

ca. 7 Std.

ca. 1700 m

17 km

Geröll hinauf zum einem Joch (ca. 4 Stunden). Dort angekommen, geht es überwiegend über Felsbrocken dem Grat entlang hinauf zum wunderschönen Gipfelkreuz, das man nach rund viereinhalb Stunden erreicht. Das 360-Grad-Panorama ist wirklich atemberaubend und entschädigt für die Mühen des doch recht anstrengenden Aufstiegs. Der Abstieg erfolgt über die Aufstiegsroute, kann jedoch auch über die Schusterhütte und anschließend über die beiden Flatschbergalmen zum Ausgangspunkt zurück erfolgen.

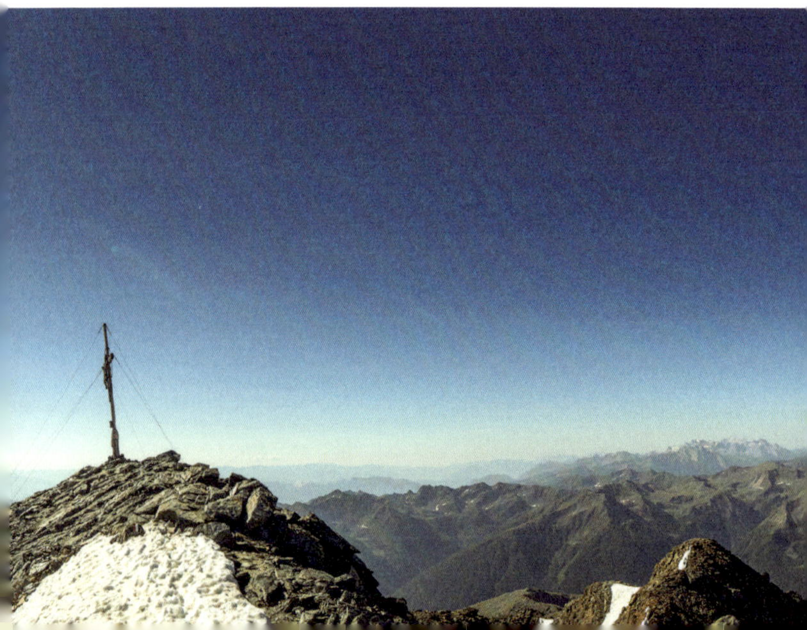

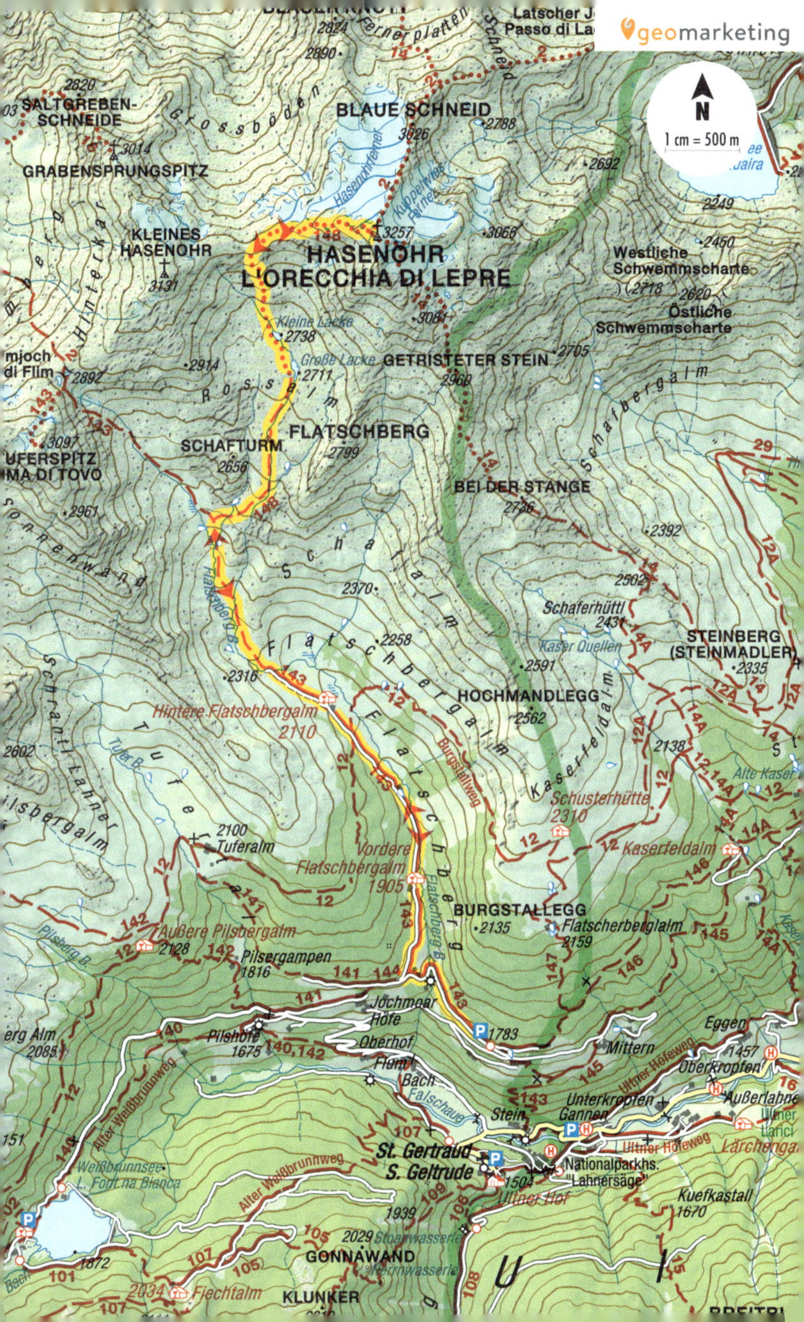

geomarketing
N
1 cm = 500 m
BLAUE SCHNEID
HASENOHR
L'ORECCHIA DI LEPRE
SALTGREBEN-SCHNEIDE
GRABENSPRUNGSPITZ
KLEINES HASENOHR
GETRISTETER STEIN
FLATSCHBERG
SCHAFTURM
BEI DER STANGE
HOCHMANDLEGG
STEINBERG (STEINMADLER)
BURGSTALLEGG
Hintere Flatschbergalm 2110
Vordere Flatschbergalm 1905
Äußere Pilsbergalm
Schusterhütte 2310
Kaserfeldalm
Flatscherbergalm 2159
Westliche Schwemmscharte
Östliche Schwemmscharte
Schaferhüttl
Kaser Quellen
Kleine Lacke
Große Lacke
Tuferalm
Pilsergampen 1816
Jochmoar Höfe
Oberhof
Pilshöfe 1675
Flum
Bach
Stein
Mittern
Eggen
Oberkropfen
Unterkropfen
Gannen
Außerlahne
St. Gertraud
S. Geltrude
Nationalparkhs. "Lahnersäge"
Ultner Hof
Ultner Höfeweg
Kuefkastall 1670
Weißbrunnsee
L. Font.na Bianca
Alter Weißbrunnweg
GONNAWAND
KLUNKER
Fiechtalm
Burgstallweg

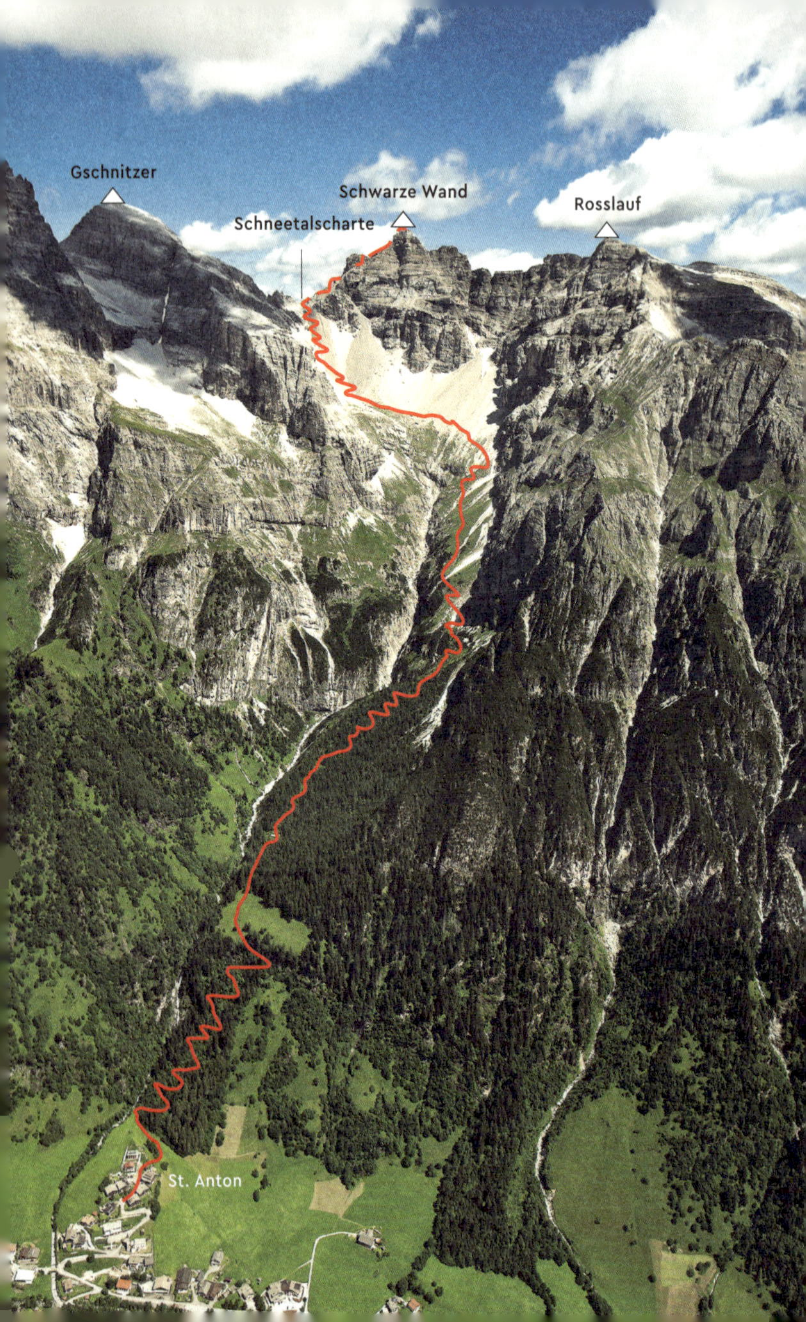
Gschnitzer
Schwarze Wand
Schneetalscharte
Rosslauf
St. Anton

⑩ Schwarze Wand, 2917 m

Von der Schwarzen Wand, die sich nordöstlich des Pflerscher Tribulaun befindet, hat man den besten Blick auf diese großartige Felspyramide und ihre Trabanten! Der lange, anstrengende Aufstieg zum äußerst wilden und einsamen Gipfel führt durch eine sehr abgeschiedene Gegend. Bis zur Schneetalscharte ist der Weg verhältnismäßig einfach, dann folgen einige ausgesetzte und zum Teil auch gesicherte Abschnitte, auf denen Vorsicht geboten ist. Eine Besonderheit entlang des Weges sind die ungemein vielen Serpentinen, über die man zur Scharte ansteigt!

Tourenbeschreibung

Vom oberen Ende der Ortschaft steigt man über eine Wiese (Skilift) bis zum Wald auf und geht dann rechts von einem Wasserfall bis zu einer Lichtung mit Blick auf den Tribulaun (Höhe 1540 m, Abzweigung zur Tribulaunhütte). Nach einer kleinen, verlassenen Alm verschwindet der Weg im Lärchenwald. Auf 1800 m trifft man auf offenes Gelände und wandert durch Ansammlungen von Latschenkiefern aufwärts. Oberhalb von 2000 m folgt man dann einem Saumpfad, der in weiten Kehren über die steilen Wiesen bis unterhalb der Steilwände (orographisch links) aufwärts führt. Nach der Kreuzung mit dem Pflerscher Höhenweg (Nr. 32A) wandert man durch die düstere Talmulde

 von Sterzing bis nach Gossensaß und weiter ins Pflerschtal

 St. Anton (1270 m)

 ca. 7 Std.

 ca. 1650 m

 bis zur Scharte E, dann EE (zwei gesicherte Passagen)

 Südwest, Süd und West

gegen links bis zu einem Amphitheater zu Füßen der augenscheinlichen Scharte (2320 m). Dort beginnt der steile und mühsame, über unzählige Serpentinen verlaufende Aufstieg zur Schneetalscharte (2642 m, schöner Blick auf die Gschnitzer Tribulaunhütte und den Habicht). Von der Scharte geht man nach rechts (Hinweis „Schwarze Wand") weiter bis zu einem Felsaufschwung, der mit Hilfe von Eisenbügeln überwunden wird. Dann folgen ein kurzes, drahtseilversichertes Stück und ein Schotterhang, bevor man über den Westgrat (Staatsgrenze zwischen Italien und Österreich) nach links weitergeht. Ein Geröllhang wird gegen rechts hin bis zu einem Aufschwung von gestuften Felsplatten gequert; diese werden ohne Schwierigkeiten überklettert, um zum nächsten, gesicherten Teilstück zu gelangen. 30 Steigbügel führen über eine Wand aufwärts; darunter nur eine kleine Terrasse und die gähnende Leere! So gelangt man zu einer Geröllterrasse und zu einer kleinen Scharte. Danach steigt man über einfache Schutthänge bis zur Gipfelwand auf. Diese umgeht man auf der Nordwestseite und gelangt so auf die Nordseite des Gipfels. Der Weiterweg führt über einen Schotterabhang und durch eine einfach zu begehende Rinne hin zum kurzen Grat (Eisenbügel), der am Gipfel der Schwarzen Wand endet. Ein unvergleichbarer Ausblick bietet sich vom höchsten Punkt! Man sieht den Pflerscher und Gschnitzer Tribulaun, den Wilden Freiger, die Stubaier Alpen mit dem Habicht, das Obernbergtal, die Tuxer Alpen, die Rollspitze und die Telfer Weißen sowie die Wetterspitze. Der Abstieg erfolgt über den Aufstiegsweg.

11 Ratschinger Weiße, 2822 m

Dieser großartige Gipfel liegt nördlich der Zirmaidspitze im hintersten Talschluss des Ratschingstales. Der hier beschriebene Anstieg, bei dem auch die Rinnerspitze, ein ebenfalls sehr einsamer Südtiroler Gipfel, bestiegen wird, ist lang und anstrengend. Auf beide Gipfel führen verhältnismäßig einfache Wege, wenngleich es immer wieder einmal sehr steile Abschnitte zu überwinden gilt. An schönen, klaren Herbsttagen bietet sich dem Wanderer ein unvergleichlich schönes Panorama!

Tourenbeschreibung

Vom Parkplatz wandert man zuerst über die Naturstraße und dann über den Weg 13A bis zu den weitläufigen Hochweiden und der Alm (1888 m), die nördlich der Klammalm liegt. Gegen Norden hin überschreitet man einen Rücken mit einem Kreuz und steigt dann, vorbei an einem Wasserfall, steil und über viele Kehren bis zur Gleckalm und einer Wegkreuzung (2268 m) an. Von dort folgt man einer schwach ausgeprägten Steigspur entlang eines Kammes nach links (südwestlich) und gelangt so in einen Geröllkessel unterhalb des Gipfels. Man wendet sich nach links und steigt bis zum aussichtsreichen Ostgrat des Berges weiter. Der gegen Süden hin ausgesetzte Graskamm wird bis zum Gipfel der

von Sterzing ins Ratschingstal und weiter nach Flading

großer Parkplatz (1480 m)

7 ½–8 Std.

ca. 1800 m

E (auf dem Grat zwischen der Weißen und der Rinnerspitze EE)

Ost, Süd, Nordost

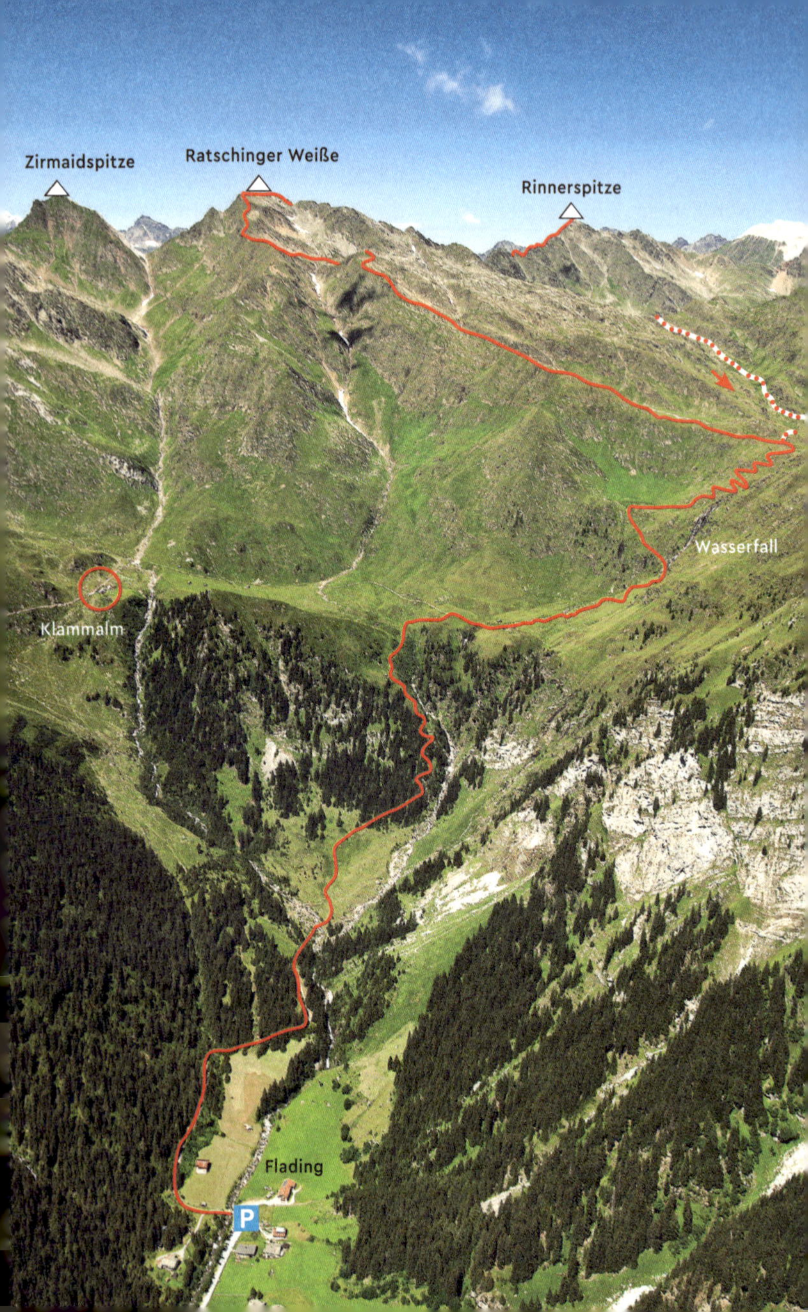
Zirmaidspitze
Ratschinger Weiße
Rinnerspitze
Wasserfall
Klammalm
Flading
P

Ratschinger Weißen begangen, wobei es gilt einen kurzen, drahtseilgesicherten Abschnitt zu überwinden. Vom Gipfelkreuz hat man einen grandiosen Weitblick, doch zeigen sich die nahen Berge am eindrucksvollsten. Man sieht die Zermaid- und Hohe Kreuzspitze, das Ratschingstal, die Hohe Ferse, die Texelgruppe und die Passeirer Berge, das Timmelsjoch, die Sonklarspitze, den Botzer, den Tribulaun und die Sartaler Alpen. Vom Kreuz geht man zum nahe gelegenen Vermessungspunkt am Gipfel und steigt nach links durch die Rinne und über den einfachen Nordwestgrat bis zum Sandjoch (2571 m) ab. Dann klettert man über einfache zu begehende Felsen (die heiklen Stellen werden auf der Südwest- oder auf der Nordostseite umgangen) im steten Auf und Ab bis zur Gipfelwand (anstrengend!), die zum höchsten Punkt der Rinnerspitze (2824 m – Steinmann und Gipfelbuch) leitet. Der wilde und einsame Gipfel wird selten bestiegen und bietet einen ausgezeichneten Blick auf die Poschalm und das Lazzacher Tal, den Moarer Egetsee und die Moarer Weißen. Vom Gipfel geht man zurück zum Sandjoch und steigt dort nach Norden hin (Markierung 27A) bis zu zwei kleinen Seen ab. Dort folgt man dem Weg durch das Lazzacher Tal Richtung Poschalm bis auf ca. 2300 m und geht dann über Steigspuren hinauf zur Ratschinger Scharte (2480 m). Über den Weg Nr. 13A wandert man vorbei an der Gleckalm zurück zum Ausgangspunkt.

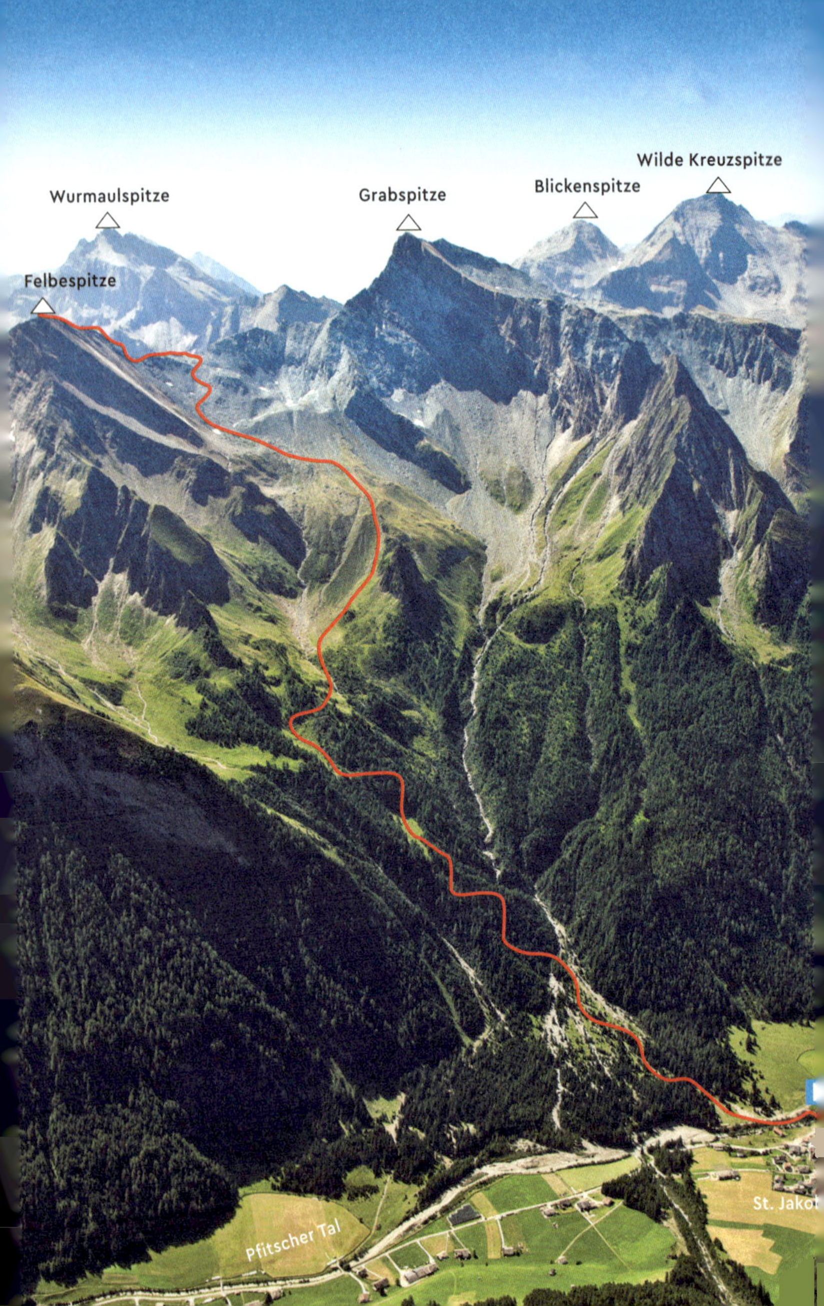

Wilde Kreuzspitze
Blickenspitze
Grabspitze
Wurmaulspitze
Felbespitze
Pfitscher Tal
St. Jakob

12 Felbespitze, 2849 m

Eine Besonderheit dieser wenig begangenen Route ist das wilde und einsame Umfeld. Der verhältnismäßig einfache Aufstieg verläuft zum größten Teil weglos und ist wegen der vielen Steilstücke relativ anstrengend. Vom abgeschiedenen Gipfel bietet sich ein grandioses und interessantes Panorama.

Tourenbeschreibung

Man folgt dem Wegweiser „Felbespitze" und überquert den Pfitscher Bach. Zuerst geht man über Wiesen und durch die lichte Vegetation, später dann durch den steilen und dichten Wald aufwärts. Auf 1900 m erreicht man die verfallenen Gebäude der Viedalpe. Man wendet sich nach rechts (südwestlich) und wandert bis zu einem wilden Graben mit wunderbarem Blick auf die Grabspitze. Nachdem man eine mit Blöcken durchsetzte Grasebene erreicht hat, geht man neuerlich nach rechts weiter (hier verlieren sich die Wegmarkierungen) und steigt über einen steilen, grasigen Hang aufwärts. Auf ca. 2300 m trifft man auf einen Kamm, dem man bis zum Fuße des Gipfels folgt. Der Weiterweg führt beschwerlich über unbequemes Schuttgelände zur Wasserscheide am Fuße der Grabspitze. Man steigt nach links (nordöstlich) aufwärts zu einem Sattel auf 2674 m direkt unterhalb der Felbespitze (Vorsicht entlang der steilen, steilschlag-

|→ von Sterzing ins Pfitscher Tal nach St. Jakob, 1440 m

 ca. 6 ½ Std.

 ca. 1400 m

 E, abseits der Steige EE

 überwiegend Nordwest oder Nord sowie Südwest

gefährdeten Flanken!). Der weitere Anstieg verläuft zuerst über einen grasigen Hang und dann über einfach zu begehende Felsen, die direkt zum Gipfelaufbau der Felbespitze leiten. Dieser schöne Berg zeichnet sich ganz besonders durch seine abgeschiedene Lage und die wilde Umgebung aus. Der Ausblick ist grandios! Man sieht die Grabspitze, das Rote Beil, den Hochfeiler, die Weitenbergalm, die Wurmaulspitze, die Wilde Kreuzspitze und das Pfitscher Tal.

Der Abstieg erfolgt über den Aufstiegsweg.

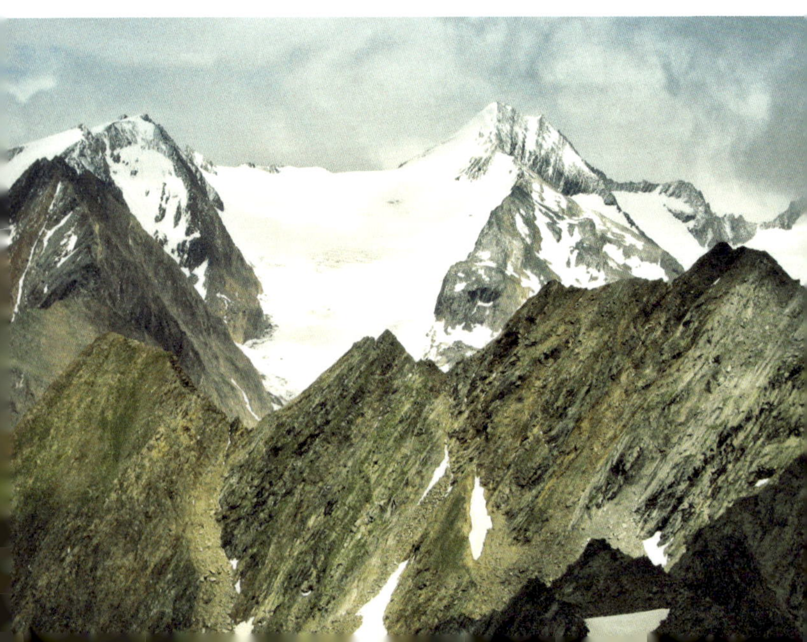

13 Foltschenaispitze, 2662 m

Diese Gipfeltour entführt den Bergsteiger in eine unbekannte, einsame und komplett abgeschiedene Zone der Sarntaler Alpen. Obwohl die Foltschenaispitze im Schatten der allbekannten Jakobsspitze liegt, ist es höchst unwahrscheinlich, dass man andere Berggsteiger trifft! Das Gipfelpanorama ist mindestens so weitreichend, wie das von den weitaus höheren Spitzen der Umgebung.

Tourenbeschreibung

Vom Parkplatz geht man kurz über die Teerstraße aufwärts bis zum Durnholzer See (1558 m). Der Weg mit der Markierung „D" folgt dem des Südostufers bis zum Beginn des Großalmtales. Vom Bachmannebenhof steigt man dann steil zum darüberliegenden Bachmannhof (1724 m) auf und geht dort auf demselben Weg (Markierung „D") weiter. Gegen Norden wandert man durch den lichten Lärchenwald hinauf in das Gebiet der Großalpe; dort durchquert man einen Latschengürtel bis auf 2300 m und gelangt so zum Amphitheater unterhalb der Tellerjochspitze und geht dann bis in die Nähe (2500 m) des Tellerjochs. Wer möchte, kann direkt zum Joch aufsteigen und den Blick auf die nordöstlichen Sarntaler Berge genießen, ansonsten wendet man sich nach rechts und folgt dem Weg Nr. 13 in leichtem Abstieg hinunter auf

von Bozen durch das Sarntal bis nach Durnholz

|→ Parkplatz am Ortseingang (1513 m)

5½–6 Std.

ca. 1250 m

überwiegend E (im weglosen Gelände EE)

Nordwesten, dann überwiegend Südwesten

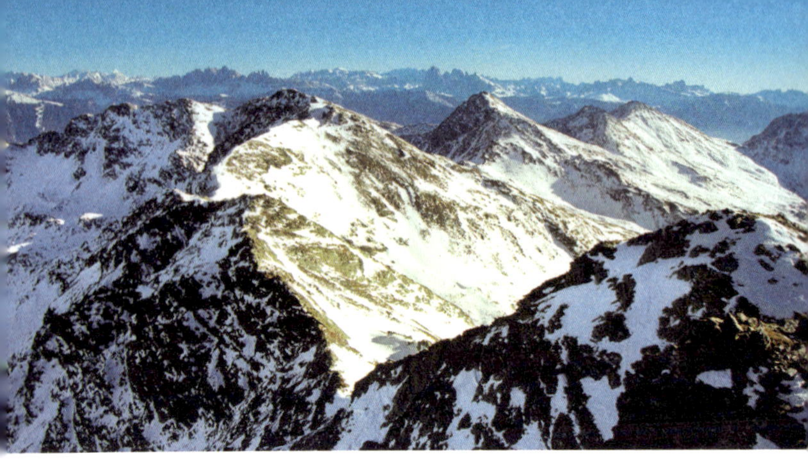

2400 m. Dort verlässt man den Weg, peilt den augenscheinlichen Südwestgrat der Foltschenaispitze (2662 m) an und steigt über den steilen, aber einfach zu begehenden Felskamm bis zum einsamen Gipfel südlich der Jakobsspitze auf. In aller Ruhe kann man hier das großartige Panorama genießen. Man blickt auf die Jakobsspitze, das Kasebachhörndl, die Liffelspitze, die Kassianspitze, die Dolomiten, die Ahrntaler Berge mit dem Hochfeiler sowie auf die Sarntaler und die Passeirer Berge. Für den Abstieg kann man auch eine alternative Route wählen: Man folgt kurz dem Grat in nordwestliche Richtung und steigt dann äußerst steil gegen Westen in die darunterliegende Talmulde ab. Ohne vorgegebene Route erreicht man den Höhenpunkt 2200 m, wo man den einfachsten Weg durch den Latschengürtel suchen muss! Dann steigt man über die Lichtungen gegen Südwesten bis zur Kreuzung mit dem Weg Nr. 5 ab, der talauswärts zurück zum Bachmannhof führt. Von dort folgt man dem Aufstiegsweg zurück zum Ausgangspunkt.

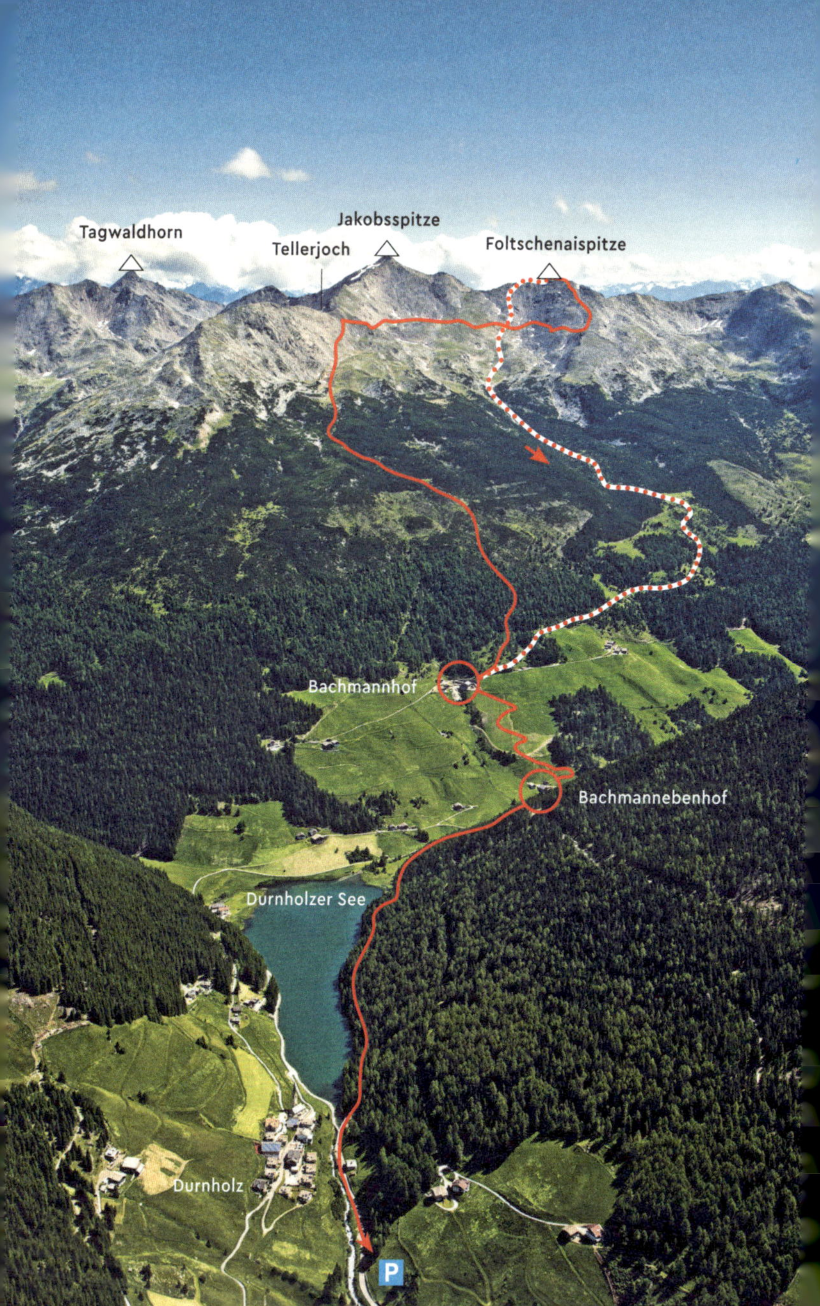

Tagwaldhorn
Jakobsspitze
Tellerjoch
Foltschenaispitze
Bachmannhof
Bachmannebenhof
Durnholzer See
Durnholz
P

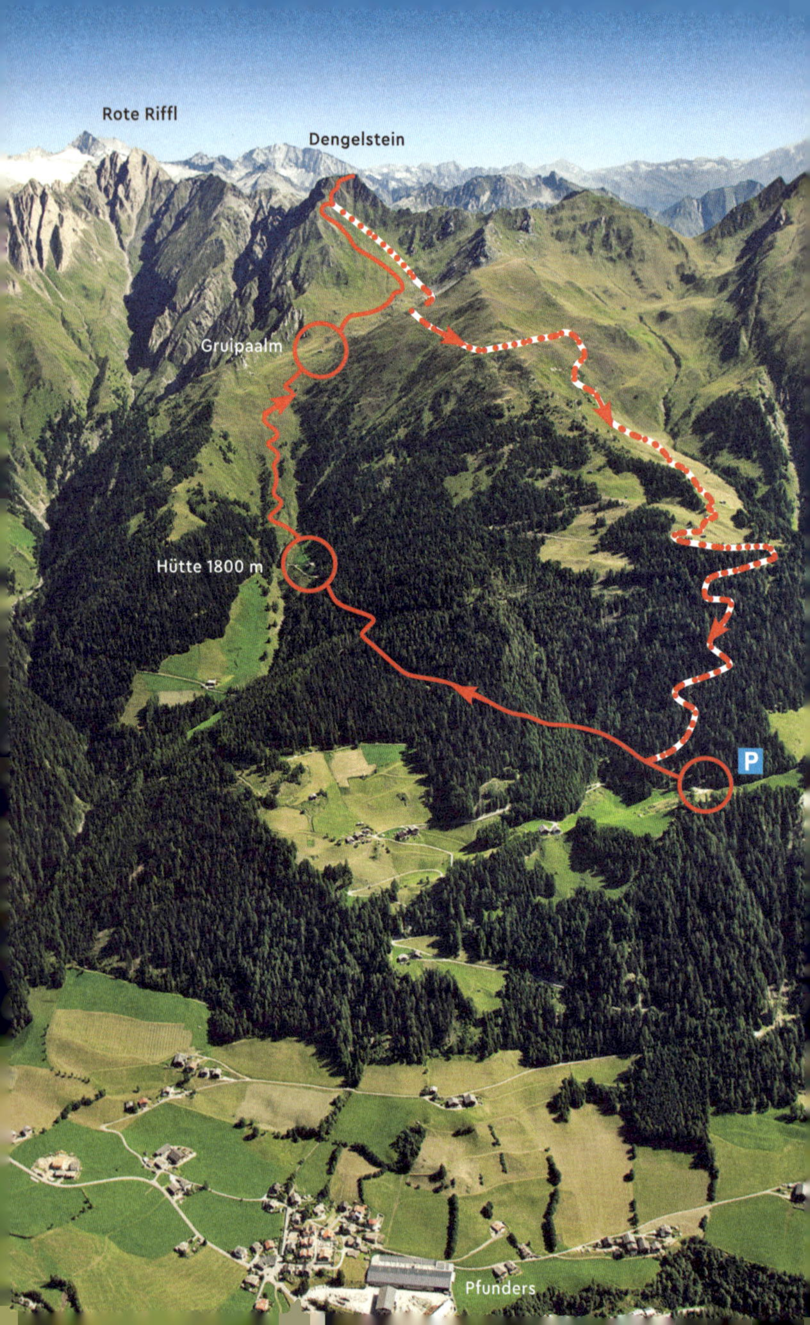
Rote Riffl
Dengelstein
Gruipaalm
Hütte 1800 m
P
Pfunders

19 Dengelstein, 2698 m

Diese Bergtour führt auf einen ausgesprochen wilden und einsamen Gipfel des Pfunderer Tales. Der relativ kurze, technisch einfache Anstieg ist jedoch wegen seiner Steilheit recht beschwerlich. Der Gipfelbereich des Dengelsteins ist besonders steil und zudem ausgesetzt; hier wird Trittsicherheit vorausgesetzt. Vom höchsten Punkt, den ein Holzkreuz ziert, bietet sich ein weitreichendes, eindrucksvolles Panorama.

Tourenbeschreibung

Von der Ausweichstelle bei der Kehre wandert man über die Naturstraße Richtung Norden bis zu einer scharfen Rechtskurve. Man zweigt links auf eine Privatstraße ab und folgt dieser bis zu einer Hütte mit Stall auf 1800 m. Im mühsamen und steilen Aufstieg (nordöstliche Richtung, dann östliche) durch die nahe Talmulde gelangt man zur kleinen, schmucken und in schöner Panoramalage gelegenen Gruipaalm (2222 m). Man geht Richtung Osten und Nordosten weiter und steigt über steile Wiesen bis zum Fuße des Gipfels auf. Der Weiterweg führt nach links über den stetig steiler werdenden Graskamm aufwärts bis zu einem darauffolgenden grasigen Rücken. Man steigt über den äußerst steilen Rücken bis zum luftigen Südwestgrat des Dengelsteins an und folgt dem Grat kurz nach rechts (Achtung, zum Teil sehr schmal!) bis zum

 von Niedervintl im Pustertal ins Pfunderer Tal – Pfunders

 Unter-/Obergasserhof, Mitterhofer, Kehre auf 1580 m

 5–5 ½ Std.

 ca. 1150 m

 E, im Gipfelbereich EE

 West oder Südwest

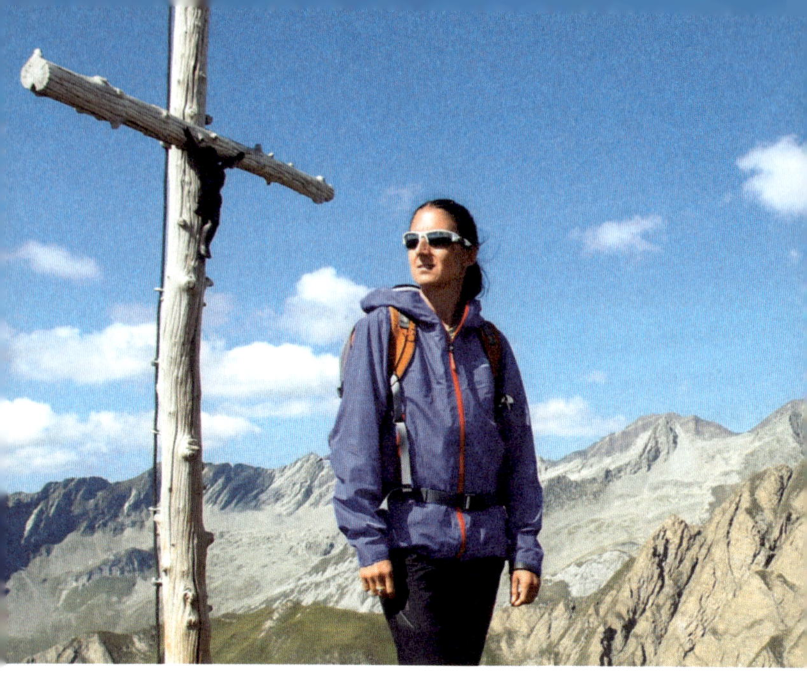

Gipfelhang. Entlang einer Steigspur und am Ende im Zickzack geht man über den Hang aufwärts zum Gipfelkamm. Der wenig steile, aber luftige Kamm führt nach rechts (südöstlich) zum charakteristischen Gipfelkreuz des Dengelsteins. Schöner und einsamer Gipfel mit einem der interessantesten Panoramen der gesamten Zone! Man blickt auf das Pfunderer Tal und das Zösental, die Ahrntaler und Prettauer Berge sowie auf die Rieserferner Gruppe. Vom Gipfel geht man zurück zum Südwestgrat (Vorsicht ist geboten) und steigt nach links durch eine grasige Rinne ab. Ohne große Schwierigkeiten erreicht man den Fuß des Berges, wo

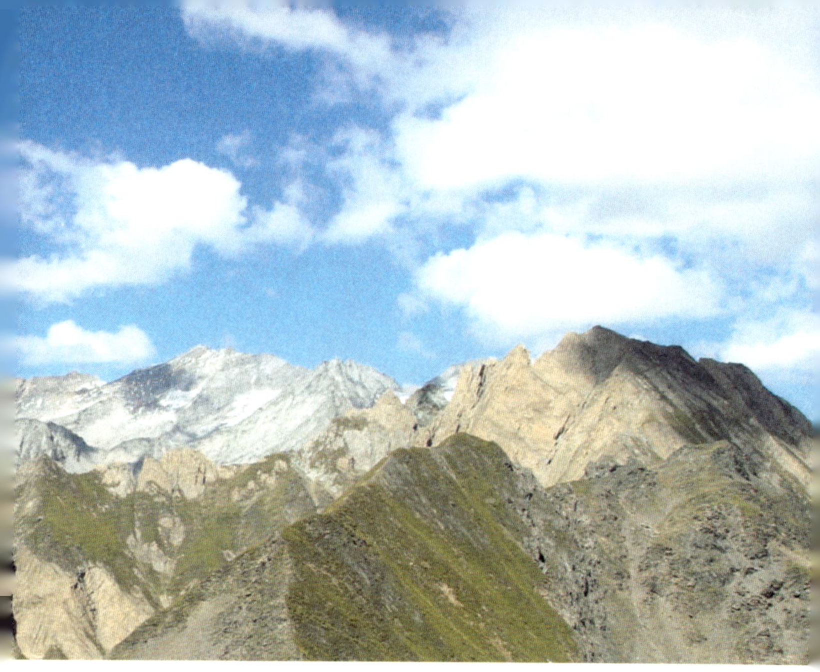

ein Steig in südliche Richtung bis zu einem augenscheinlichen Kamm führt. Man geht über die Westhänge bis zum Pfunderer Höhenweg hinunter und folgt diesem. Nachdem man einen auffallenden Kamm (Südwesten) umgangen hat, verlässt man den Weg und steigt nach Süden über die Grashänge bis zur Kreuzung mit dem Weg Nr. 15 ab. Über den Weg gelangt man zu einer Straße, die schöne Wiesen durchquert. Ein Steig (jetzt durch den Wald) führt steil abwärts und zurück zum Ausgangspunkt.

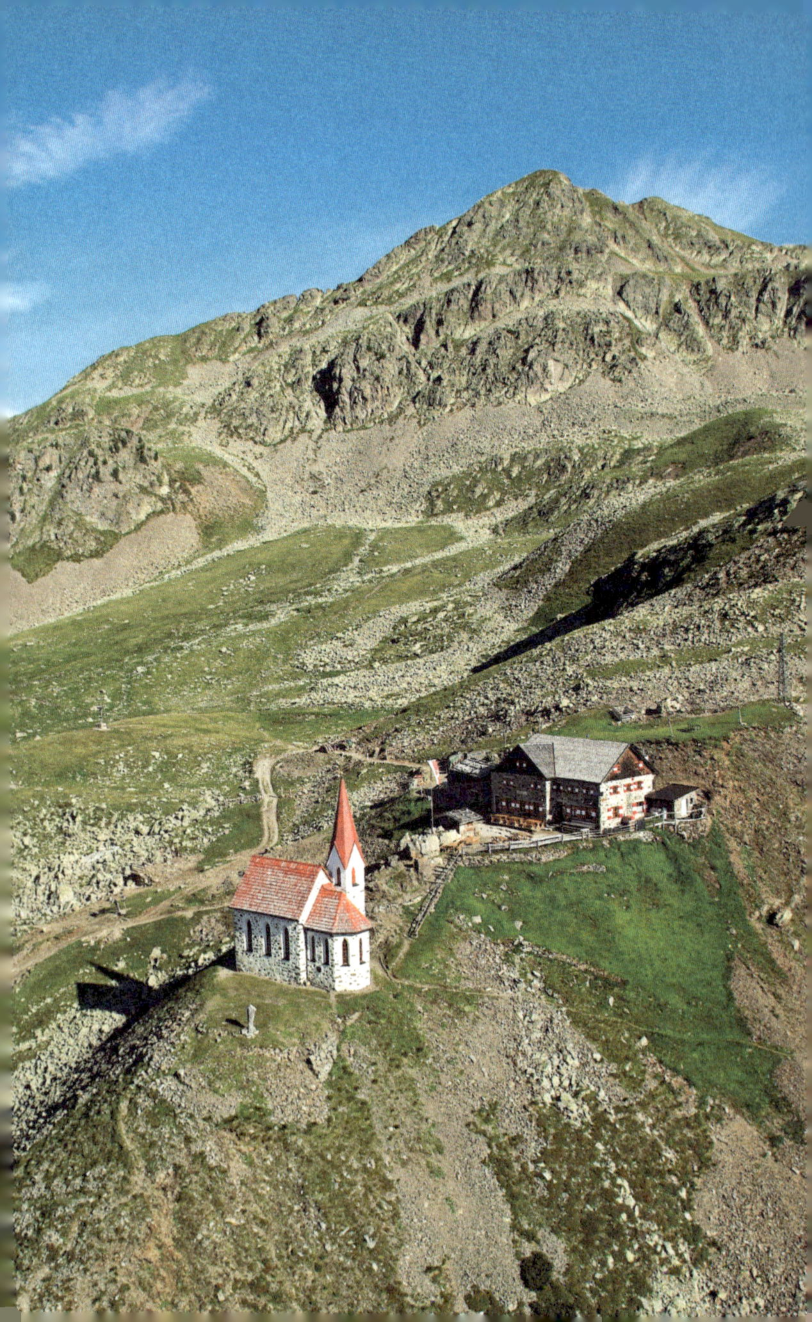

15 Kassianspitze, 2581 m

Die Kassianspitze ermöglicht einen Rundblick, der seinesgleichen sucht. Die Bergtour führt über traumhafte Almhänge und durch schöne Lärchen- und Föhrenwälder. Sie ist nicht schwierig, Trittsicherheit ist aber dennoch Voraussetzung.

Tourenbeschreibung

Die Tour beginnt am Parkplatz von Steineben (Rodeltreff) oberhalb von Latzfons. Der Beschilderung „Klausner Hütte" folgend geht es zunächst auf dem Rodelweg, dann auf einem Waldsteig hinauf zur Schutzhütte. Von der Klausner Hütte (1923 m) führt der Weg zum Latzfonser Kreuz, wo eine Wallfahrtskirche und ein Gasthaus stehen. Man wandert nun weiter westwärts und biegt rechts auf Weg Nr. 17 ein. Vorbei an einem schönen, aber fast versteckten Bergsee kommt man zum Bergsattel. Dort geht man rechts hinauf zur Kassianspitze. Der Rückweg erfolgt auf derselben Route.

Alternativen

Man kann die Wanderung auch beim Kühhof in Latzfons beginnen. Der Weg führt – in angenehmer Steigung – vom Parkplatz nach Nordwesten durch ein Waldstück, anschließend über freie Almflächen und durch lichten Lärchen- und Föhrenwald zur Klausner Hütte. Weiter wie oben beschrieben.

Mühen

800 m HU, Aufstieg zum Latzfonser Kreuz 2 ½ Stunden, zum

von Klausen nach Latzfons, oberhalb des Dorfes nach links Richtung Steineben (großer Parkplatz)

Steineben (1544 m, Rodeltreff) oberhalb von Latzfons

ca. 6½ Std.

ca. 800 m

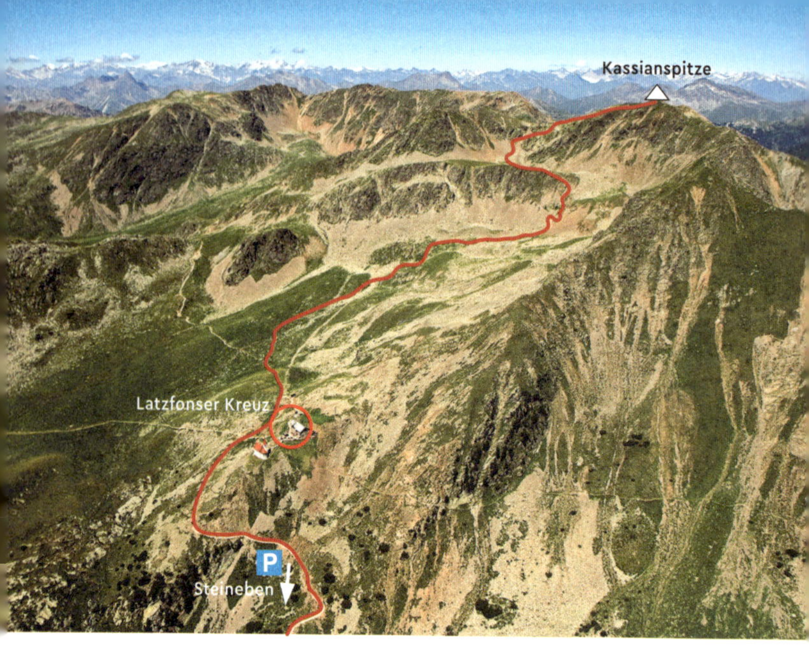

Gipfel 3 ½ Stunden. Die Wanderung ist ohne besondere Schwierigkeiten. Die Wege sind gut ausgebaut und ausgeschildert. Kurz vor der Klausner Hütte wird es etwas steiler, dann geht es aber wieder auf breitem Weg zum Wallfahrtskirchlein. Der Zustieg zum Gipfel ist nicht ausgesetzt. Die Tour kann vom Mai bis in den Spätherbst unternommen werden.

Freuden

Schöne Bergwanderung mit einem besonders aussichtsreichen Gipfel. Neben dem Gipfelkreuz lädt eine Bank zum Verweilen ein: Der richtige Platz, um das 360-Grad-Panorama zu genießen.

16 Astjoch, 2196 m

Die herrliche Almwanderung führt auf einen gemütlichen und lohnenden Berg. Zwar ist das Astjoch nur ein bescheidener Gipfel, er bietet aber dennoch einen grandiosen Ausblick. Außerdem kann man bei der Wanderung die Rodenecker und Lüsner Alm in ihrer ganzen Schönheit erleben.

Tourenbeschreibung

Die Wanderung beginnt beim Parkplatz oberhalb von Nauders (Zumis). Der Weg auf das Astjoch ist gut ausgeschildert und führt entweder auf dem breiten Almweg oder – links davon – auf einem Wald- und Wiesenweg zur Ronerhütte und zur Starkenfeldhütte. Nach der Hütte geht es noch ein Stück auf dem breiten Weg weiter. Bei der Weggabelung biegt man links ab auf Steig Nr. 67, der in mäßiger Steigung zum Gipfelkreuz des Astjoches hinaufführt. Der Rückweg erfolgt auf der gleichen Route.

Alternativen

Die Lüsner Alm und das Astjoch kann man auch von der Pustertaler Seite aus erwandern. Von Ehrenburg führt eine Bergstraße zum Weiler Ellen hinauf. Zunächst wandert man auf der Höfestraße zum Kreuznerhof. Dann geht man auf einem Waldsteig (Nr. 67) und über baumfreie Hänge zum Gipfel (Gehzeit gut 2 ½ Stunden).

von Mühlbach nach Nauders und weiter auf guter Bergstraße nach Zumis (großer Parkplatz); der Weg von Lüsen (Lüsen-Berg) ist etwas kürzer, führt aber über eine schmale Bergstraße

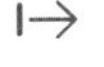
Parkplatz oberhalb von Nauders (Zumis, 1720 m)

5 ½–6 Std.

ca. 450 m

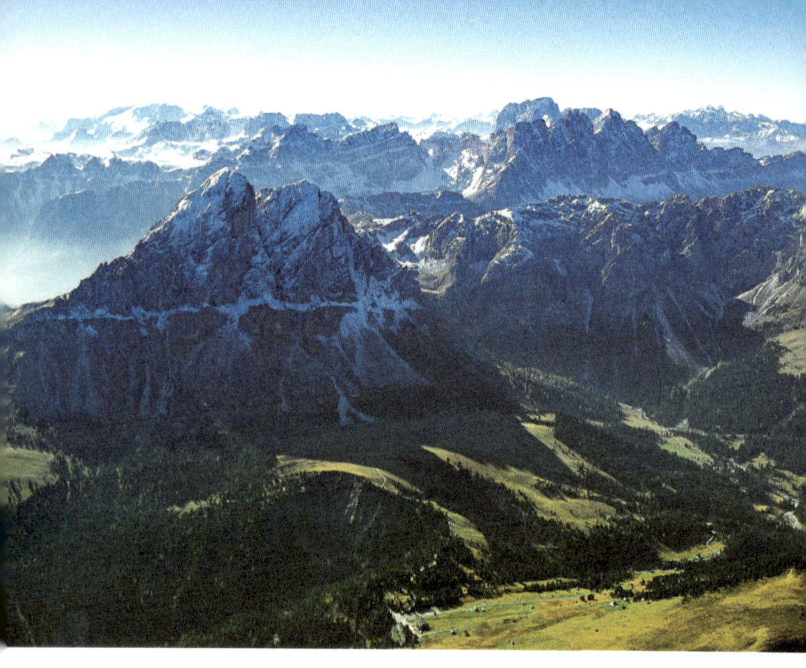

Mühen

450 m HU, Aufstieg 3 ¼ Stunden. Ausgedehnte Wanderung mit – bis auf den kurzen Aufstieg zum Astjoch – nur geringer Steigung und ohne Schwierigkeiten. Die Wanderung kann man fast das ganze Jahr über machen, im Winter auch mit Schneeschuhen.

Freuden

Die Tour gehört zu den schönsten Almwanderungen in Südtirol. Sie bietet weite Ausblicke über das Eisack- und das Pustertal. Herrlicher Panoramablick, vor allem zum Alpenhauptkamm im Norden und zum Peitlerkofel, der sich von seiner markanten Seite zeigt.

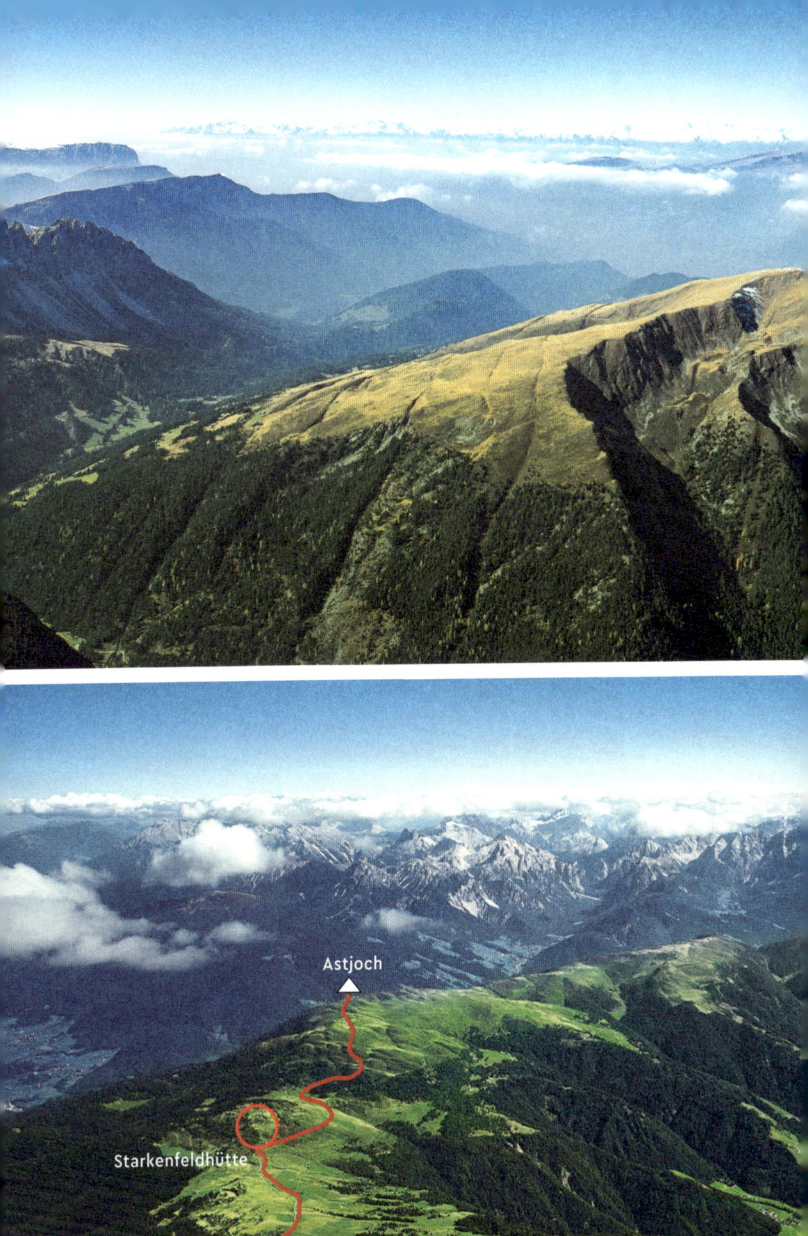
Astjoch
Starkenfeldhütte
Rastnerhütte
P

17 Schlüterhütte, 2306 m

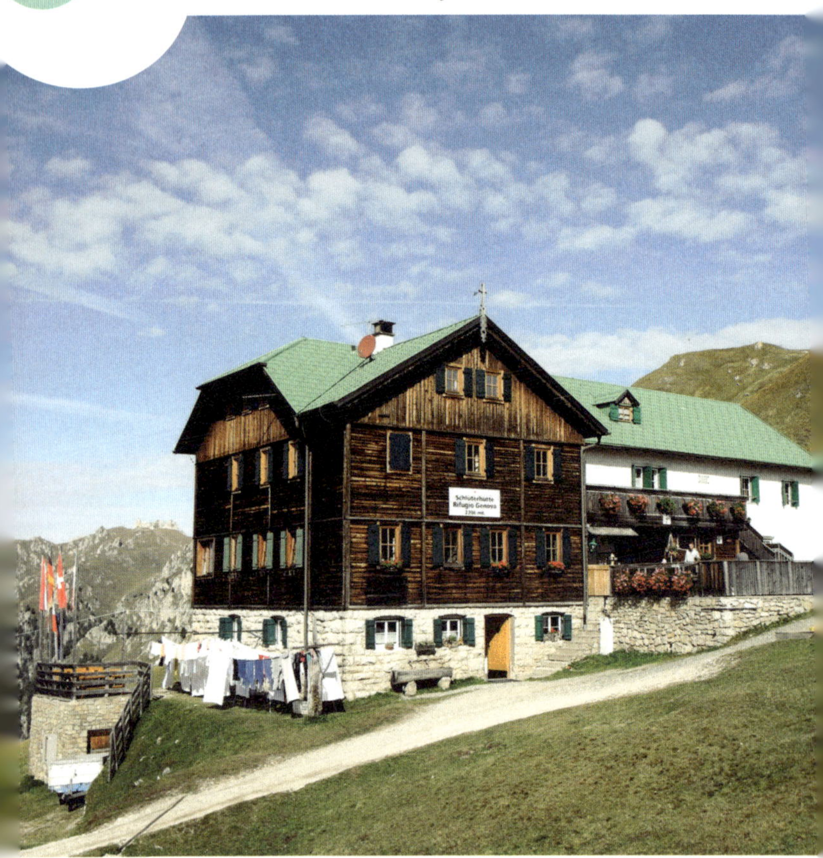

Zustieg

Die Schlüterhütte wird am schnellsten vom Parkplatz der Zanser Alm im Villnößtal erreicht. Dabei kann man je nach Geschmack den Weg über die Kaserillalm oder über die Gampenalm wählen: Gehzeit von 2 bis 2 ¼ Std. (620 Hm). Mit dem Mountainbike schlägt man schon an der Zanser Alm den Fahrweg über die Gampenalm ein.

Die Hütte wurde 1898 erbaut und liegt eingebettet im Naturpark Puez-Geisler (Teil des Weltnaturerbes Dolomiten) inmitten von Almwiesen auf 2306 m zwischen Geislergruppe und Peitlerkofel. Sie befindet sich am Übergang vom malerischen Villnößtal zu den ladinischen Dolomitentälern und ist Ausgangspunkt für angenehme oder anspruchsvolle Höhenwanderungen. Die Dolomitenhöhenwege Nr. 2 und 8, sowie der Europawanderweg München–Venedig führen hier vorbei. Die Hütte bietet gemütliche Gaststuben, eine Sonnenterrasse und gutbürgerliche Küche mit schmackhaften Südtiroler Spezialitäten. Den hausgemachten Apfelstrudel und die schwarzplentene Torte darf man sich auf keinen Fall entgehen lassen!

Die Unterkunft

Müde Wanderer können hier die Nacht verbringen, um Kraft zu tanken und das Farbenspiel des Sonnenunterganges in der faszinierenden Bergwelt der Dolomiten zu erleben. 90 Personen finden hier in holzgetäfelten und liebevoll eingerichteten Einzelzimmern, Zweibett-, Dreibett- und Vierbettzimmern sowie Matratzenlagern Platz. Und nach einer ruhigen Nacht in den Bergen kann man sich morgens am reichhaltigen Frühstücksbuffet stärken.

Öffnungszeiten: Mitte Juni bis Mitte Oktober

Alm 7
I-39040 Villnöß (BZ)

T +39 0472 670072
info@schlueterhuette.com
www.schlueterhuette.com

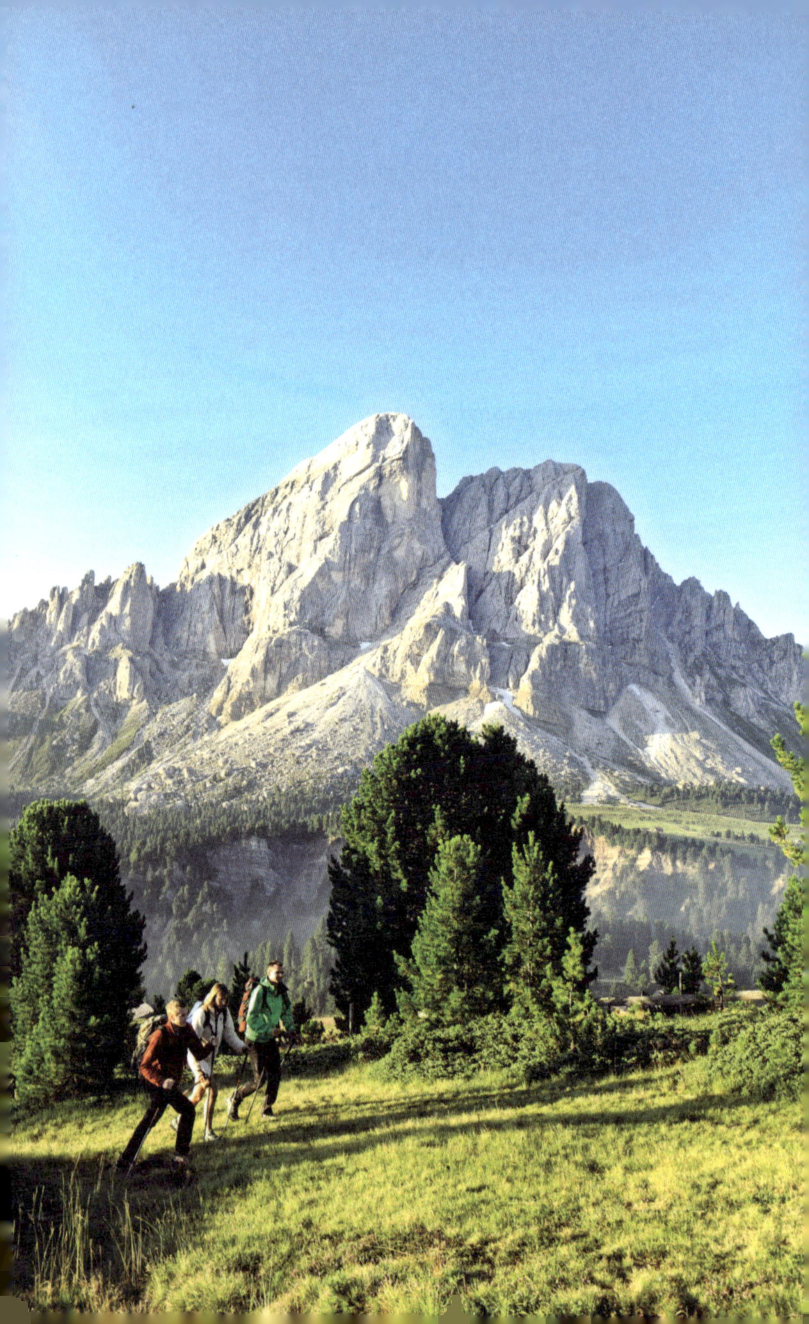

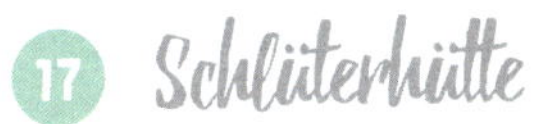

DIE PEITLERKOFELUMRUNDUNG

Es ist eine prächtige Tour, die Umrundung des Peitlerkofels, die alles bietet, was zur „klassischen" Dolomitenlandschaft gehört: schroffe Zinnen, senkrechte Wände, weite Almmatten, Blockwerk eines gewaltigen Bergsturzes ...

Tourenbeschreibung

Von der Schlüterhütte steigt man in wenigen Minuten hinauf zum Kreuzkofeljoch und wird schon wieder mit einem neuen Panorama „belohnt": Weit schweift der Blick über die Bergketten, die das Gadertal flankieren, die Pragser Dolomiten, vom Kronplatz zum Hochgall, vom Monte Cristallo und den Gipfeln der Fanesgruppe zu den Geislern.

Bei der nächsten Weggabelung hält man sich rechts auf Mark. 35 und wandert hinunter zum Gömajoch. Von dort geht es nach links weiter, Mark. 8B, (Rundweg Peitlerkofel) zur Gömahütte und ein weiteres Waldstück in ein Bergsturzgebiet, wo sich ein kurzer Abstecher nach links zum Aussichtspunkt in die Moibach-Schlucht lohnt: Hier tut sich eine „vordolomitische geologische Schautafel" auf, die vom Grödner Sandstein hinaufreicht zum Schlerndolomit des Peitlerkofels.

Beeindruckend natürlich vor allem die mächtig aufragende Nordwand.

|→ Schlüterhütte

 ca. 5 ½ Std.

 580 m

Kurz nach der Fornelahütte hält man sich links auf Mark. 8A, wandert durch die Peitlerwiesen nach Süden und schwenkt nach links auf die Mark. 4 ein, die durch die langgezogene Schlucht entlang der Lasanke (Bach durch Lüsen) hinaufführt zur Peitlerscharte. Fast eben geht es von da nach rechts hinüber zum Kreuzkofeljoch und zurück zur Schlüterhütte.

Sehr Konditionsstarke und Trittsichere können (bereits auf dem Hinweg!) nach dem Kreuzkofeljoch fortsetzen zur Peitlerscharte, unschwierig hinaufkraxeln auf den Peitlerkofel (leichter Klettersteig) und nach Rückkehr in die Scharte auf Mark. 4B absteigen zur erwähnten Mark. 35. Gut 2 Stunden mehr an Gehzeit und zusätzliche 450 Hm.

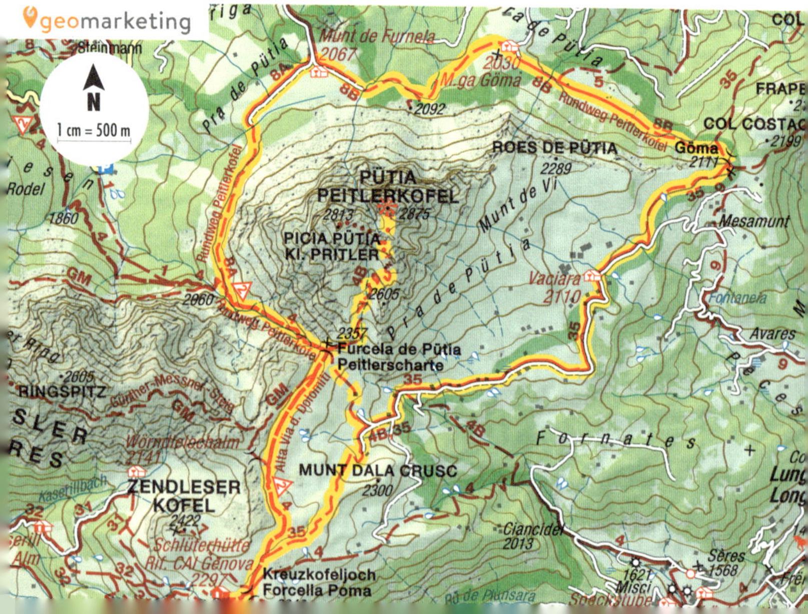

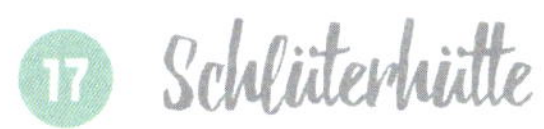

GÜNTHER-MESSNER-GEDÄCHTNISSTEIG

Schwierigkeiten und allgemeine Informationen: Über weite Strecken eher eine aussichtsreiche Wanderung als ein Klettersteig, jedoch aufgrund der Länge und der Exponiertheit nicht zu unterschätzen.

Anfahrt und Ausgangspunkt: Bei Klausen im Eisacktal ins Villnösser Tal abzweigen. Dann über St. Peter und St. Magdalena bis zum Parkplatz bei der Zanser Alm, 1670 m.

Zustieg: Von der Zanser Alm den Beschilderungen Günther-Messner-Steig bzw. Herrensteig-Tullen folgen, Nr. 32 und 32a. Etwas steiler geht's auch über den Weg 32b, der mit dem Weg 32a zusammentrifft.

Routen-Info: Insgesamt trifft man auf wenige stahlseilgesicherte Strecken, zwischen diesen wird aber anhaltend Trittsicherheit gefordert. Gute Kondition sowie sichere Wetterlage sind Voraussetzung für diese lange Tour. Ein Rückzug bei einem Wettersturz kann aufgrund der langen Rückwege problematisch werden.

Charakteristik und technische Details: Die technisch anspruchsvolleren Abschnitte befinden sich im mittleren Teil der Routen, nach dem Gipfel des Tullen, 2653 m. Diesen kann man, wenn es das Wetter und die Kondition erlauben, über

gesamt: 6 Std.
Zustiegszeit: ca. 2 Std.
Zeit am Klettersteig: ca. 2 Std.
Abstiegszeit: ca. 2 Std.

1000 m

mittel

Süd und Nord

einen unschwierigen und zum Teil gesicherten Pfad besteigen (ca. 30 Minuten zusätzlich). Bleibt man auf dem GM-Steig, gelangt man in eine schottrige Rinne, die mit Drahtseil gesichert ist. Nun geht's auf zum Teil exponiertem Steig in Gratnähe weiter bis zur nächsten Seilsicherung. Dort gibt es zwei Varianten: eine steile, schwierigere Möglichkeit hinauf zum Grat (Aufschrift am Fels „Variante difficile") oder

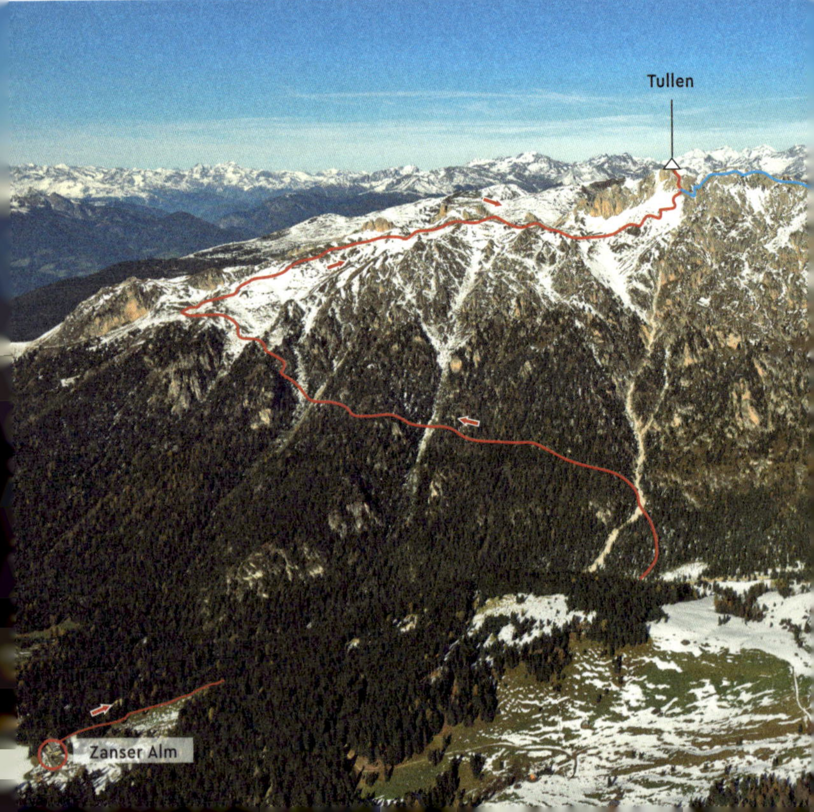

die etwas tiefer verlaufende, leichtere Variante (Drahtseil auf der Nordseite). Beide Varianten vereinen sich nach wenigen Metern am Grat. Es folgt ein längeres Gehgelände bis zu einer 15-Meter-Leiter und letzten Seilsicherungen.

Abstieg: Über den Weg Nr. 4 zur Schlüterhütte und zurück zum Ausgangspunkt.

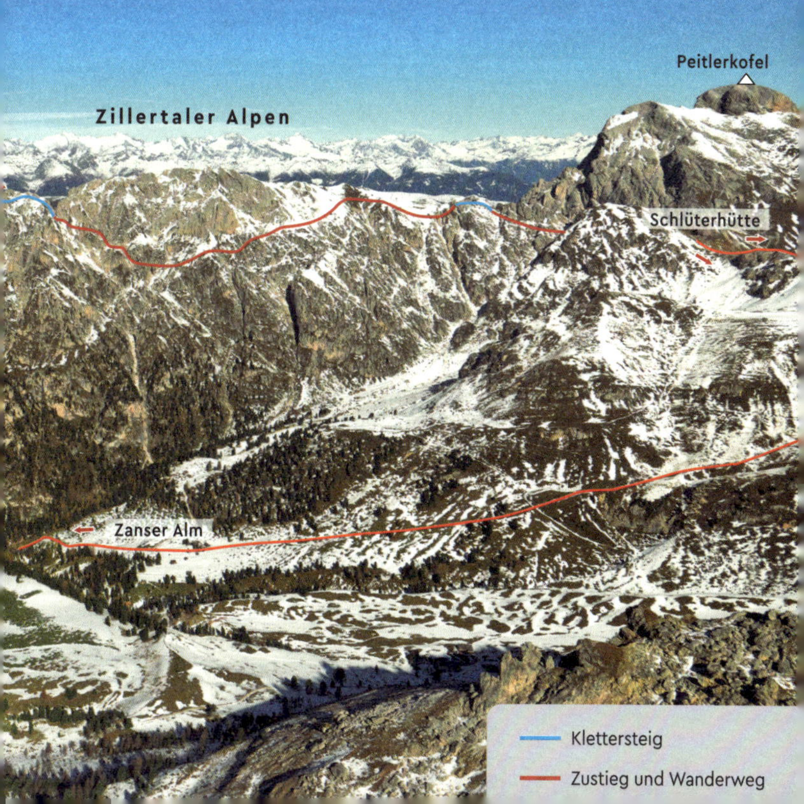

18 Maurerberghütte, 2157 m

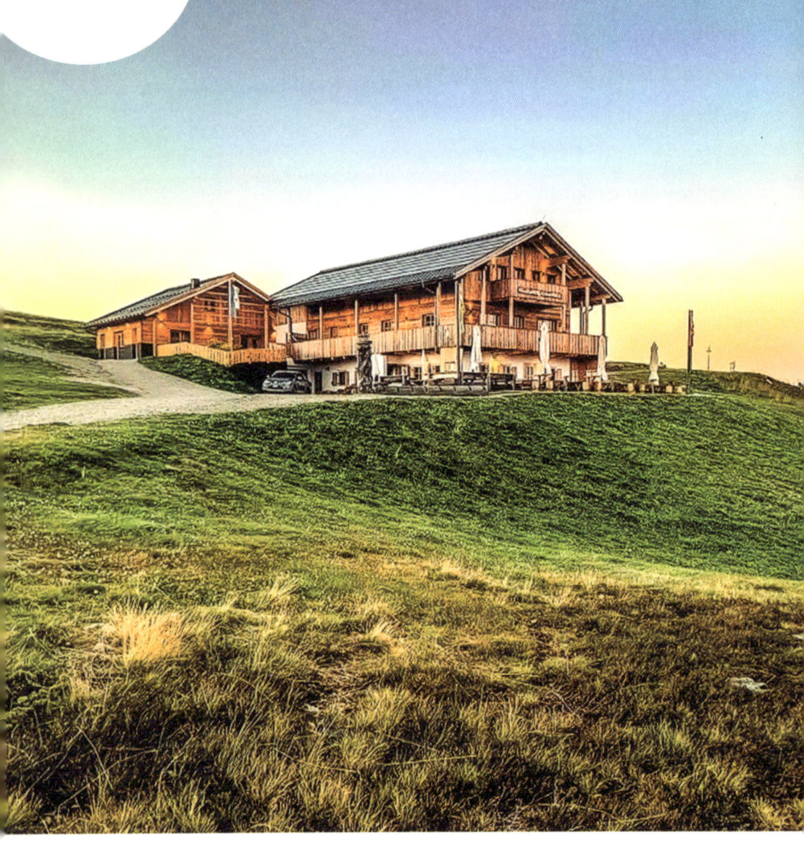

Zustieg

Über das Würzjoch und nach zwei scharfen Kehren in einer Linkskurve bis zum Parkplatz Pé de Börz. Von St. Martin in Thurn ist der Parkplatz unterhalb des Würzjoches zu erreichen. Vom Parkplatz über den Forstweg (Weg Nr. 1) oder die Pecolhütte (Weg Nr. 2) in ca. 1 Stunde bis zur Maurerberghütte (ca. 300 Hm).

Hier erleben Sie Natur pur, ein Paradies mit atemberaubendem Blick auf die Geislerspitzen und dem Peitlerkofel. Bei der Renovierung wurde viel Wert auf eine detailgetreue und traditionelle Inneneinrichtung im Tiroler Stil gelegt, dafür wurden Naturmaterialien benutzt und Vollholzmöbel aus Fichtenholz. Genießer sitzen auf der Terrasse und blicken auf die umliegende Bergwelt. Erholung pur. Es erwartet Sie eine heimelig eingerichtete Berghütte mit allem Komfort, die ideale Unterkunft für Wanderer und Mountainbiker. Die Küche bietet typische Tiroler Kost kombiniert mit italienischen Spezialitäten aus Alta Badia. Alle Südtiroler Traditionsrezepte (Knödel, Schlutzkrapfen und Tirtlen) werden nach den Originalrezepten aus Omas Zeiten zubereitet.

Die Unterkunft

Gemütliche Übernachtungsmöglichkeiten für 30 Personen in Einzel- und Doppelzimmern mit Bad oder in Mehrbettzimmern. Neue Zimmer, frische Bergluft und die weite Natur mit atemberaubendem Blick sorgen für einen tiefen, ungestörten Schlaf und gute Laune am Morgen. Der Sonnenaufgang mit herrlichem Weitblick ist hier – einzigartig in den Dolomiten – das ganze Jahr über zu bewundern.

Öffnungszeiten: Ende Mai bis Mitte Oktober

Straße Börz 19
I-39030 St. Martin in Thurn (BZ)

T +39 0474 520059
M +39 347 0840435
info@maurerberg.com
www.maurerberg.com

18 Maurerberghütte

VILLNÖSSRUNDE MIT DEM MTB

|→ Maurerberghütte → 1 → Würzjoch → Str. bis Russis-Kreuz → 11 → 11A → 32 → St. Magdalena → Str. bis Zans → 36 → 35 → 8B → 8A → 1

43 km

5 Std.

3800 m

●●●●

E

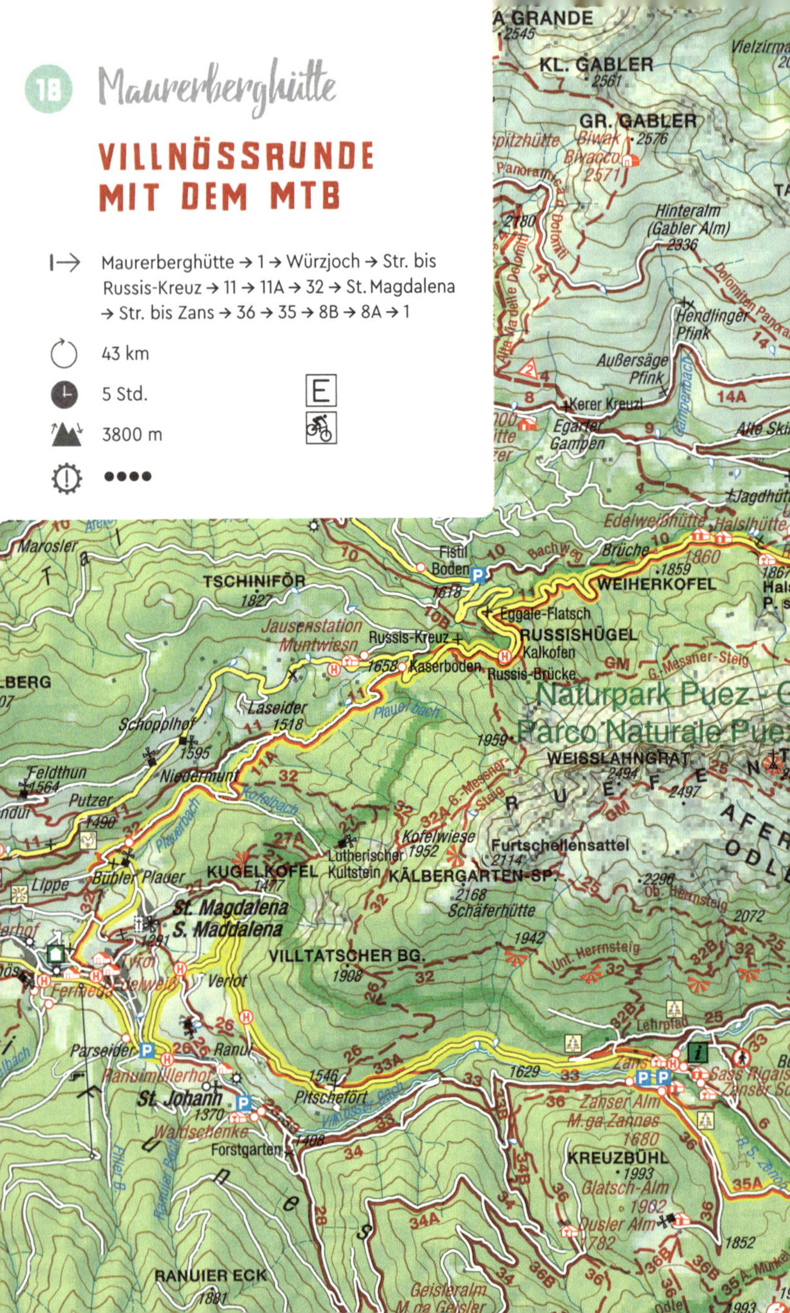

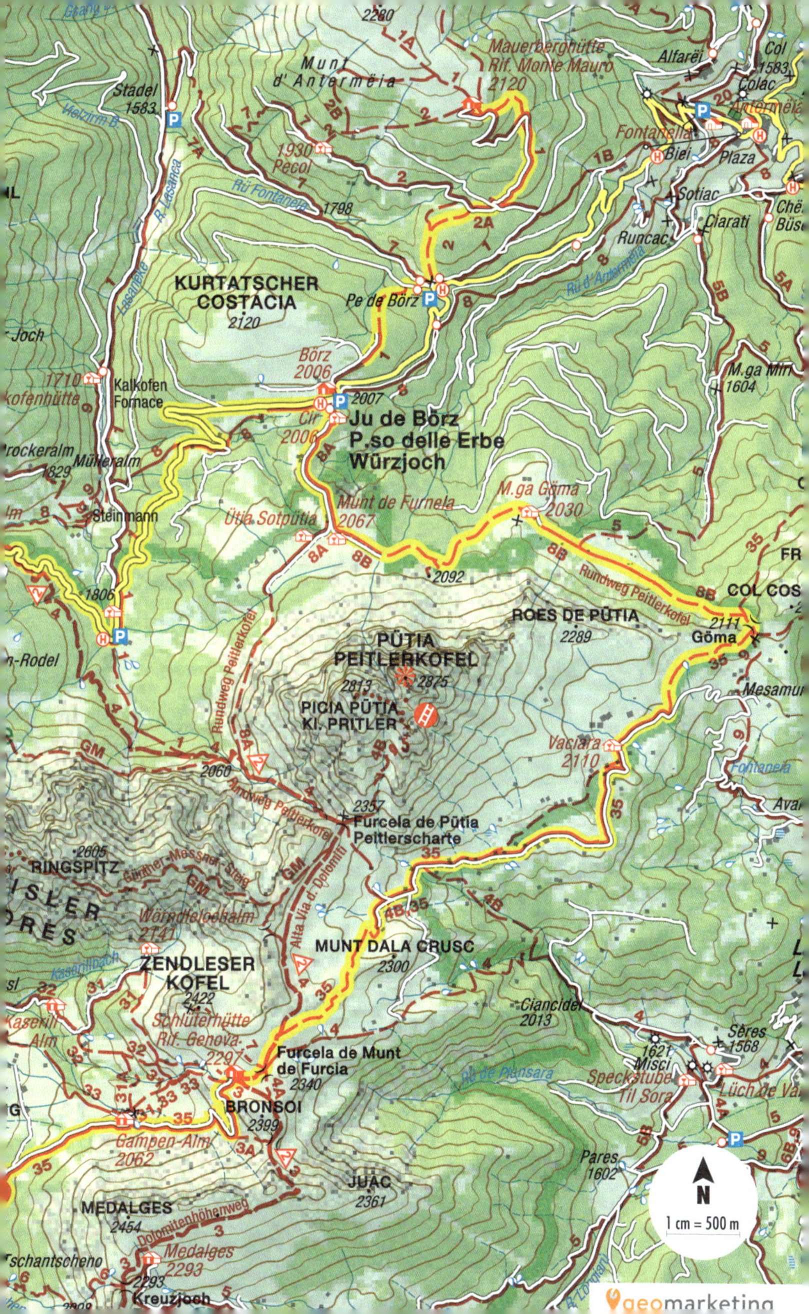

Munt d' Antermëia
Mauerberghütte
Rif. Monte Mauro
2120
Alfarëi
Col
1583
Colac
Antermëia
Fontanella
Biei
Plaza
Sotiac
Clarati
Runcac
Chë Büse
Stadel
1583
Velzirm-B.
1930
Pecol
Rü Fontanela
1798
R. Lasanca
Lasanke
KURTATSCHER
COSTACIA
2120
Pe de Börz
Rü d'Antermëia
M.ga Miri
1604
Börz
2006
2007
Cir
2006
Ju de Börz
P.so delle Erbe
Würzjoch
1710
Kalkofen
Fornace
Müllerallm
1829
Steinmann
Munt de Furnela
2067
M.ga Göma
2030
Ütia Sotpütia
2092
1806
Rundweg Peitlerkofel
COL COS
ROES DE PÜTIA
2289
2111
Göma
PÜTIA
PEITLERKOFEL
2813
2875
PICIA PÜTIA
KL. PRITLER
Mesamur
Vaciara
2110
Fontanela
2060
2357
Furcela de Pütia
Peitlerscharte
2605
RINGSPITZ
Günther-Messner-Steig
Wörndlelochalm
2741
Alta Via d. Dolomiti
MUNT DALA CRUSC
2300
ZENDLESER
KOFEL
2422
Kaserillbach
Kaserill
Alm
Schlüterhütte
Rif. Genova
2297
Ciancidel
2013
Sëres
1568
1621
Misci
Furcela de Munt
de Furcia
2340
Rü de Plansara
Speckstube
Til Sora
Lüch de Va
BRONSOI
2399
Gampen-Alm
2062
Pares
1602
JUAC
2361
MEDALGES
2454
Dolomitenhöhenweg
Medalges
2293
2293
Kreuzjoch
1 cm = 500 m
N
geomarketing

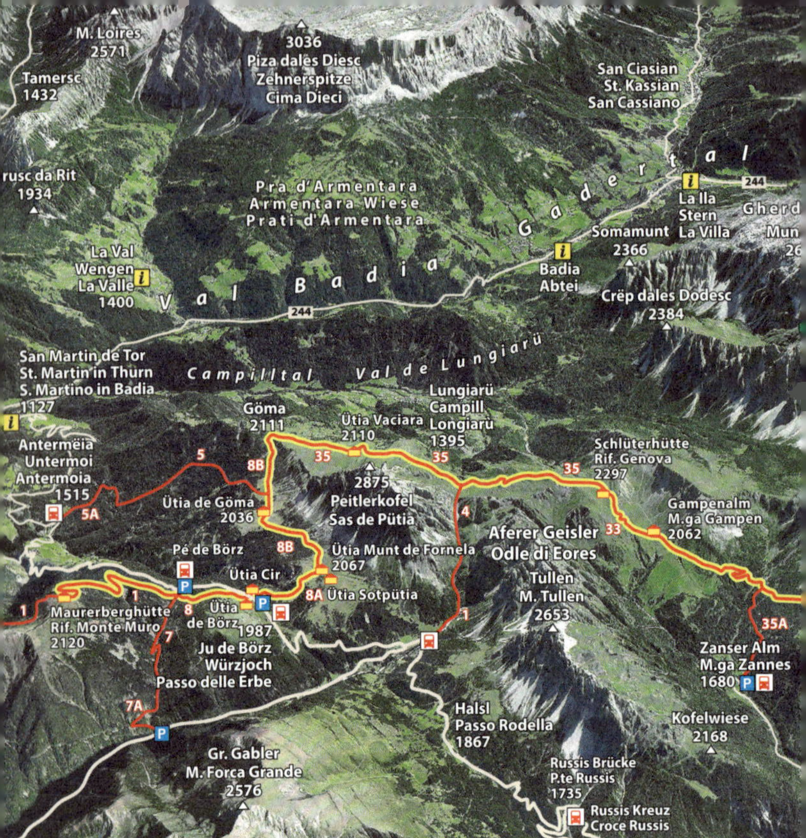

18 Maurerberghütte

MAURERBERGHÜTTE – ST. ULRICH

Maurerberghütte → Bergstation Standseilbahn Raschötz → St. Ulrich

30 km

9 Std. 20 Min.

1060 m

1090 m

2329 m

Maurerberghütte → St. Ulrich

30,9 km

10 Std. 30 Min.

1010 m

1860 m

2329 m

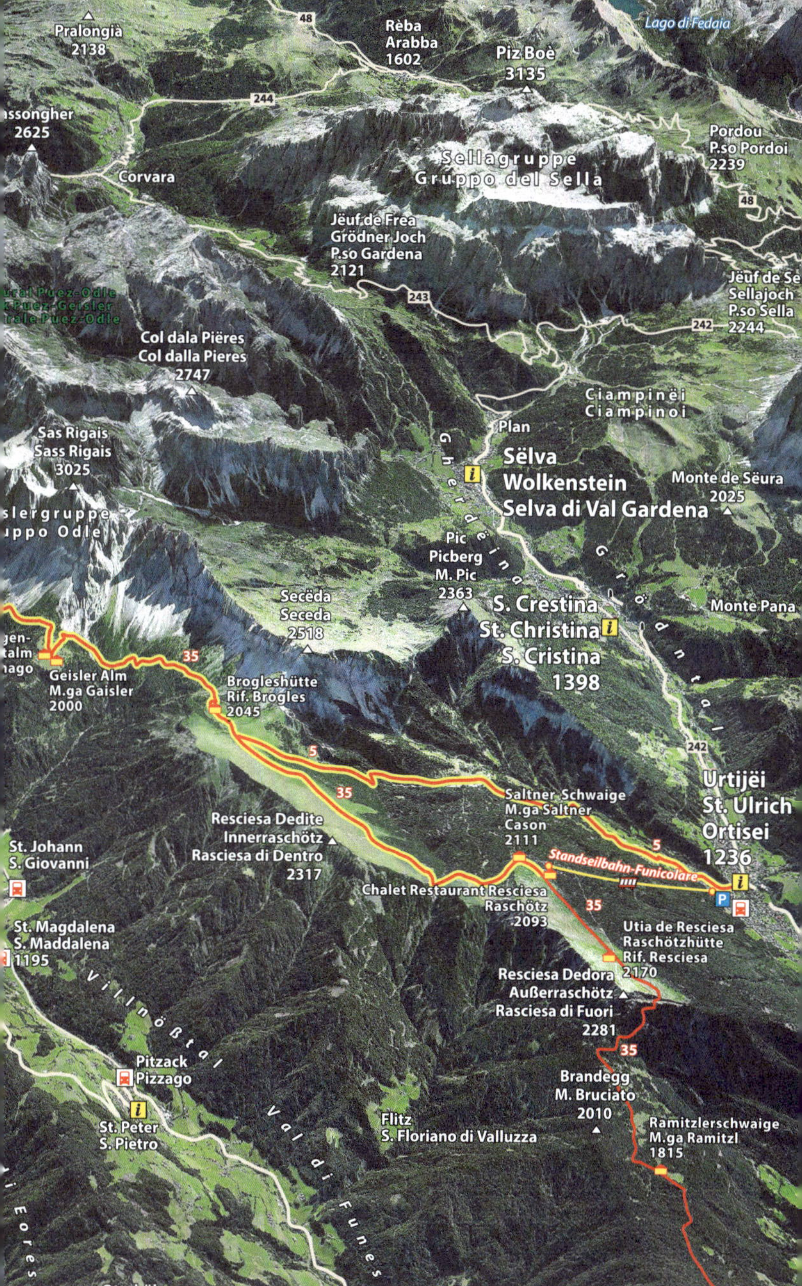

Pralongià
2138
48
Rèba
Arabba
1602
Piz Boè
3135
Lago di Fedaia
244
ssongher
2625
Pordou
P.so Pordoi
2239
Sellagruppe
Gruppo del Sella
Corvara
48
Jëuf de Frea
Grödner Joch
P.so Gardena
2121
Jëuf de Se
Sellajoch
P.so Sella
2244
243
242
Col dala Pières
Col dalla Pieres
2747
Ciampinëi
Ciampinoi
Plan
Sas Rigais
Sass Rigais
3025
Sëlva
Wolkenstein
Selva di Val Gardena
Monte de Sëura
2025
slergruppe
uppo Odle
Gherdëina
Pic
Picberg
M. Pic
2363
Grödntal
Seceda
Seceda
2518
S. Crestina
St. Christina
S. Cristina
1398
Monte Pana
Geisler Alm
M.ga Gaisler
2000
35
Brogleshütte
Rif. Brogles
2045
5
242
35
Urtijëi
St. Ulrich
Ortisei
1236
Saltner Schwaige
M.ga Saltner
Cason
2111
5
Resciesa Dedite
Innerraschötz
Rasciesa di Dentro
2317
Standseilbahn-Funicolare
St. Johann
S. Giovanni
Chalet Restaurant Resciesa
Raschötz
2093
35
P
St. Magdalena
S. Maddalena
1195
Utia de Resciesa
Raschötzhütte
Rif. Resciesa
2170
Resciesa Dedora
Außerraschötz
Rasciesa di Fuori
2281
Villnößtal
35
Pitzack
Pizzago
Brandegg
M. Bruciato
2010
St. Peter
S. Pietro
Flitz
S. Floriano di Valluzza
Ramitzlerschwaige
M.ga Ramitzl
1815
Val di Funes
Ottohöhe

19 Tierser Alpl, 2440 m

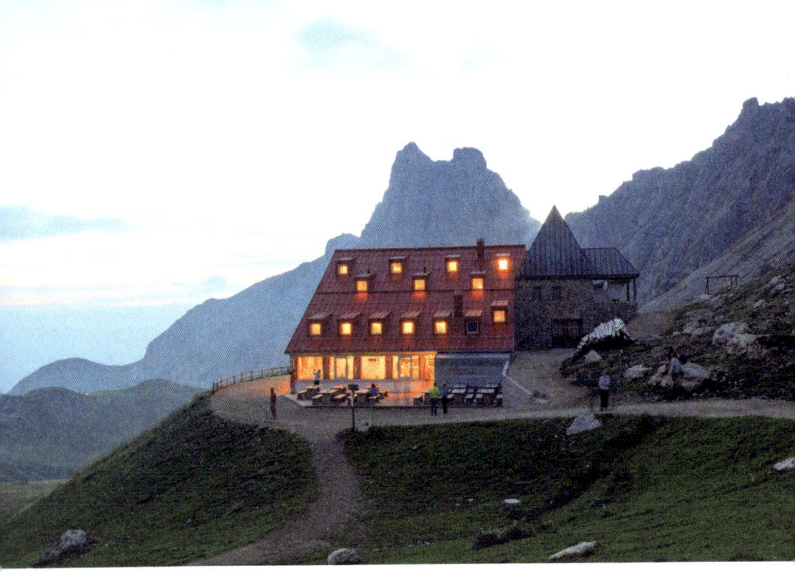

Zustiege

- Seiser Alm | Compatsch (1850 m) – Weg Nr. 2 über Panorama – Goldknopf – Rosszahnscharte; ca. 2 ½ Std.
- Seiser Alm | Saltria (1700 m) – Weg Nr. 8 – Almgasthof Tirler – Forststraße – Dialer Kirchlein; ca. 2 ½ Std.
- Tiers | Tschaminschwaige (1175 m) – Weg Nr. 3 Tschamintal – Bärenloch; ca. 3 ½ Std.
- Campitello (1400 m) | Fassatal – Durontal – Malga Micheluzzi – Steig Nr. 532 und Nr. 4; ca. 3 Std.
- Sellajoch (2100 m) – Weg Nr. 4 – Friedrich-August-Steig – Plattkofelhütte – über „die Schneid"; ca. 4 Std.

Das Schutzhaus liegt am gleichnamigen Sattel, einem Punkt, an dem sich sämtliche Wege kreuzen: vom Schlern zu Lang- und Plattkofel, von der Seiser Alm zum Rosengarten, immer kommt man hier vorbei. Die Hütte wurde 2014/15 neu umgebaut und bietet jetzt auch einige Doppelzimmer mit Dusche, eine neue Gaststube sowie eine große Terrasse. Die Hütte ist ein Ort der Begegnung geworden, der Zuflucht vor den Naturgewalten bietet, aber auch ein gepflegtes Essen und einen guten Tropfen Wein. Auch wenn heute mit elektrischem Licht, Heizung und Duschen schon ein Hauch von Luxus auf der Hütte zu spüren ist, das Leben auf fast 2500 Metern ist immer ein bisschen anders geblieben. Ein bisschen langsamer und ruhiger als unten im Tal.

Die Unterkunft
Zimmer für zwei bis acht Personen. Kopfkissen, Decken, Federbetten und Bettwäsche sind vorhanden. Toiletten, Waschräume und Duschen befinden sich auf der Etage.

Öffnungszeiten: Ende Mai bis Ende Oktober

Ratzesweg 7
I-39040 Seis

T +39 0471 727958
M +39 333 6546865
info@tierseralpl.com
www.tierseralpl.com

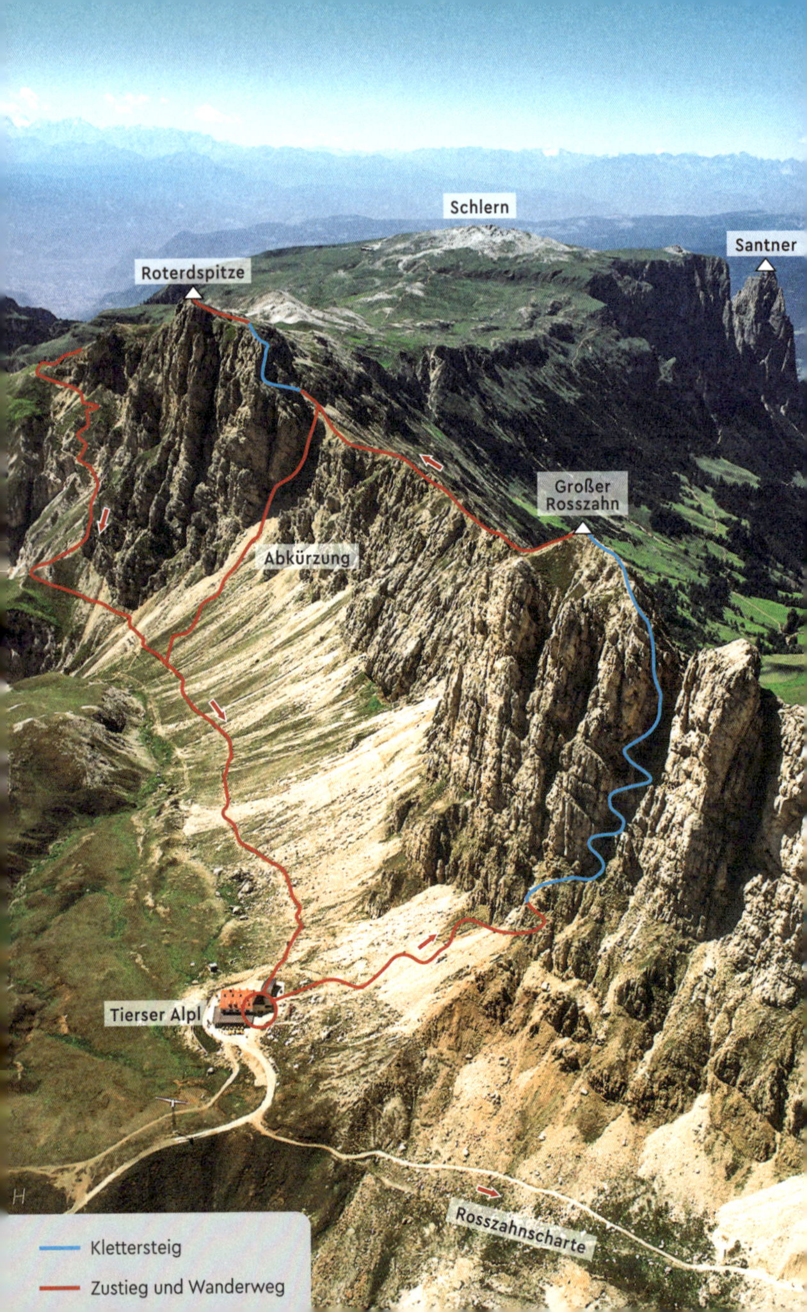
Schlern
Santner
Roterdspitze
Großer Rosszahn
Abkürzung
Tierser Alpl
Rosszahnscharte
Klettersteig
Zustieg und Wanderweg

MAXIMILIAN-KLETTERSTEIG

Großer Rosszahn, 2653 m – Roterdspitze, 2655 m

Schwierigkeiten und Infos: Nur teilweise mit Stahlseilen gesicherter Anstieg, großteils Gehgelände mit einigen sehr exponierten Stellen.

Zustieg: Von Compatsch (1844 m) auf Weg Nr. 2 zur Tierser-Alpl-Hütte (2440 m), oder direkt (nach Übernachtung) vom Tierser Alpl.

Routen-Info: Kondition, Bergerfahrung und Trittsicherheit sind Voraussetzung für diesen Klettersteig. Spektakuläre Kulisse beidseitig des Kammes zwischen Großem Rosszahn und Roterdspitze. Die Route ist an der Tierser-Alpl-Hütte ausgeschildert und rot markiert.

Charakteristik und technische Details: Großartige Überschreitung mit herrlichem Ausblick. Die Tour ist nur zum Teil mit Stahlseilen gesichert, der Rest ist Gehgelände, das aber vor allem im Kammbereich absolute Trittsicherheit verlangt.

Abstieg: An der Roterdscharte (2556 m), unterhalb des Gipfels, gibt es einen Notausstieg bzw. eine Abkürzung zur Hütte (links hinunter, teilweise gesichert). Ansonsten vom Roterdgipfel (2658 m) westwärts zu Weg Nr. 4 und zurück zum Tierser Alpl.

 Zustiegszeit: von Compatsch 2½ Std., ab Tierser Alpl 5 Min.
Zeit am Klettersteig: ca. 1½ Std.
Abstiegszeit: ca. 1 Std. bis Tierser Alpl, ca. 2½ Std. bis Compatsch
Gesamt: bis Compatsch 6½ Std., bis Tierser Alpl 2½ Std.

 980 m ab Compatsch, 350 m ab Tierser Alpl

 mittlere Schwierigkeit

 Südwest

 Tappeiner 128, Schlern, Rosengarten, Seiser Alm, 1:25.000

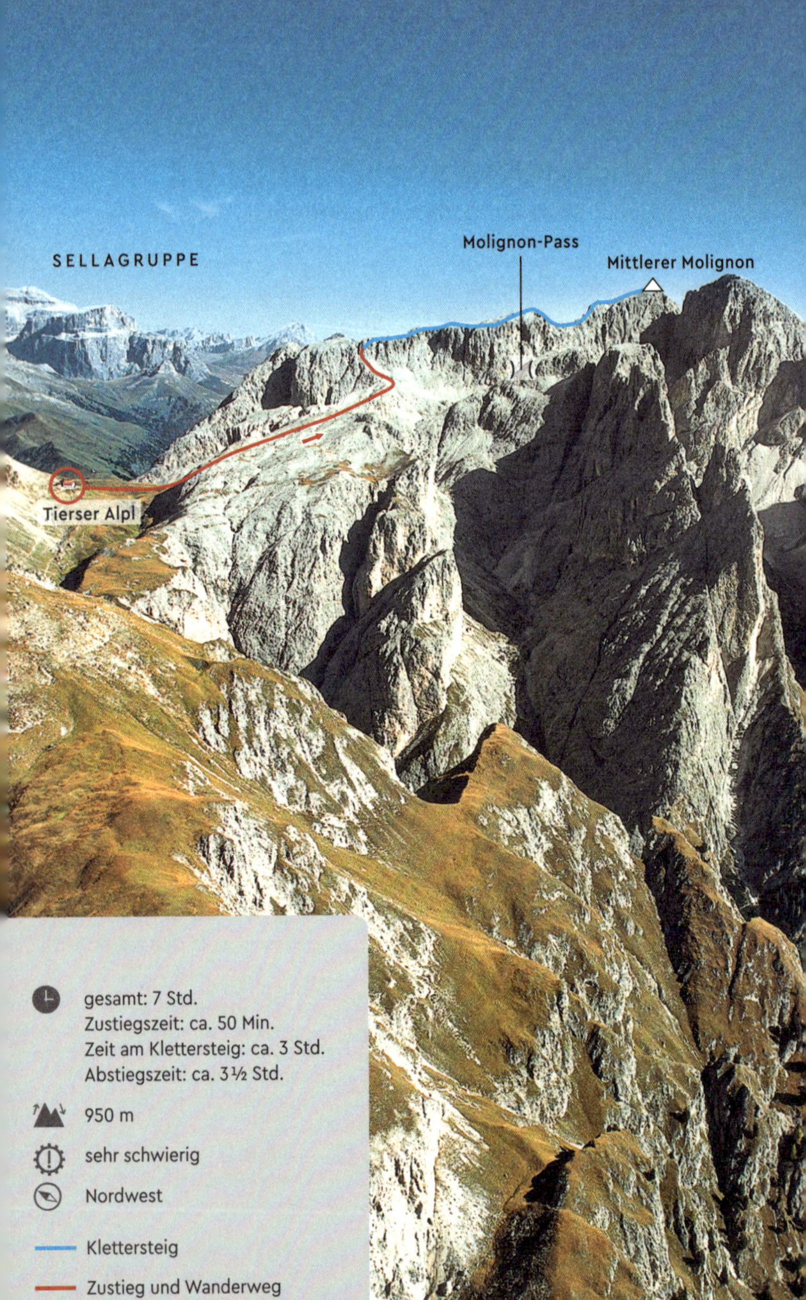
SELLAGRUPPE
Molignon-Pass
Mittlerer Molignon
Tierser Alpl
gesamt: 7 Std.
Zustiegszeit: ca. 50 Min.
Zeit am Klettersteig: ca. 3 Std.
Abstiegszeit: ca. 3½ Std.
950 m
sehr schwierig
Nordwest
Klettersteig
Zustieg und Wanderweg

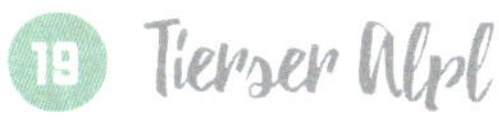

LAURENZI-KLETTERSTEIG

Mittlerer Molignon, 2845 m

Schwierigkeiten und Infos: Anspruchsvollster Klettersteig der Rosengartengruppe und als Tagestour nur sehr konditionsstarken Alpinistinnen vorenthalten!

Zustieg: Von der Tierser-Alpl-Hütte auf Weg Nr. 554 Richtung Grasleitenpass, kurz vor dem Molignonpass links den roten Markierungen folgend zu den ersten Absicherungen (ca. 45 Minuten ab dem Schutzhaus).

Routen-Info: Die Tour setzt Ausdauer, Bergerfahrung und Trittsicherheit voraus. Bei unsicherem Wetter ist der Steig wegen seiner Exponiertheit auf alle Fälle zu meiden. Auch die Orientierung ist nicht immer ganz einfach, wird aber z. T. durch rote Punkte und Steinmännchen erleichtert. Die Übernachtung auf der Tierser-Alpl-Hütte ist empfehlenswert.

Charakteristik und technische Details: Großartige Überschreitung mit herrlichem Ausblick. Die Tour ist mittlerweile gut mit Stahlseilen gesichert, verlangt jedoch absolut stabiles Wetter und eine sehr gute Kondition!

Abstieg: Nach der letzten schweren Steilstufe links durch eine Geröllrinne hinunter Richtung Antermoia-See. Rechts den Weg Nr. 554 nehmend hoch zum Antermoiapass unterhalb des Kesselkogels, weiter zum Grasleitenpass und über den Molignonpass zurück zum Tierser Alpl.

20 Santnerpasshütte, 2734 m

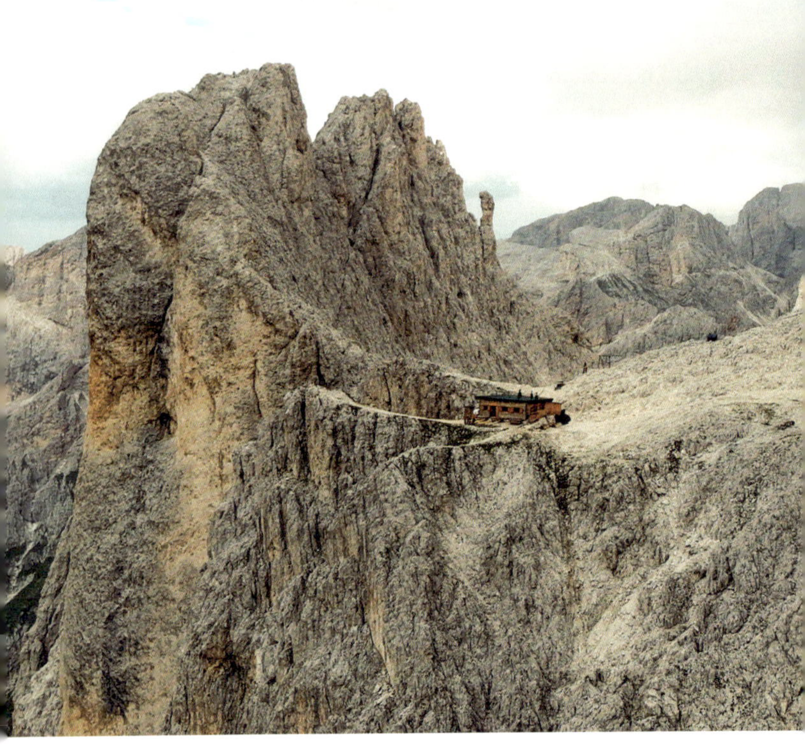

Zustiege

- Über den Santnerpass Klettersteig: mit dem Sessellift Pian Pecei-Pera di Fassa (Weg Nr. 542, 546 und 540) ca. 2 ¼ Std. (950 Hm)
- Über die Ciampedie-Hütte mit der Seilbahn Catinaccio-Vigo di Fassa (Weg Nr. 542, 546 und 540) ca. 2 ¼ Std. (750 Hm)

Die neu eröffnete Hütte hat ihren Platz direkt am Santnerpass und liegt gleich an der Rosengartenspitze. Für Alpinkletterer ein Paradies, da es ein Katzensprung bis zur Laurinswand oder zu den Vajolettürmen ist. Diese einzigartige Lage bietet den Gästen eine atemberaubende Aussicht: Vom Latemar bis hin zum Weiß- und Schwarzhorn, der Brentagruppe, dem Ortler und den Österreichischen und Schweizer Alpen. In der kleinen Küche werden neben klassischen Gerichten wie Knödelsuppe oder Apfelstrudel auch neu interpretierte Variationen der altbewährten Tiroler Speisen geboten. Zum Abendessen gibt es ein abwechslungsreiches Drei-Gänge-Menü, während es tagsüber eine kleine, aber feine Speisekarte für alle Wanderer und Kletterer gibt.

Die Unterkunft

Auf dieser kleinen, aber feinen Schutzhütte finden zwölf Personen Platz zum Schlafen. Die Hütte verfügt über zwei Sechsbettzimmer mit Stockbetten. Aufgrund der „Größe" ist die Hütte ohne Matratzenlager ausgestattet. Für jeden, der übernachten möchte, ist ein Hüttenschlafsack Pflicht. Für jegliche Übernachtung ist eine bestätigte Anmeldung vonnöten, da die Schlafmöglichkeiten begrenzt sind.

Öffnungszeiten: Anfang Juni bis Ende Oktober

Ratzesweg 7
I-39040 Seis (BZ)

Mobil +39 337 1435665
info@santnerpass.com
www.santnerpass.com

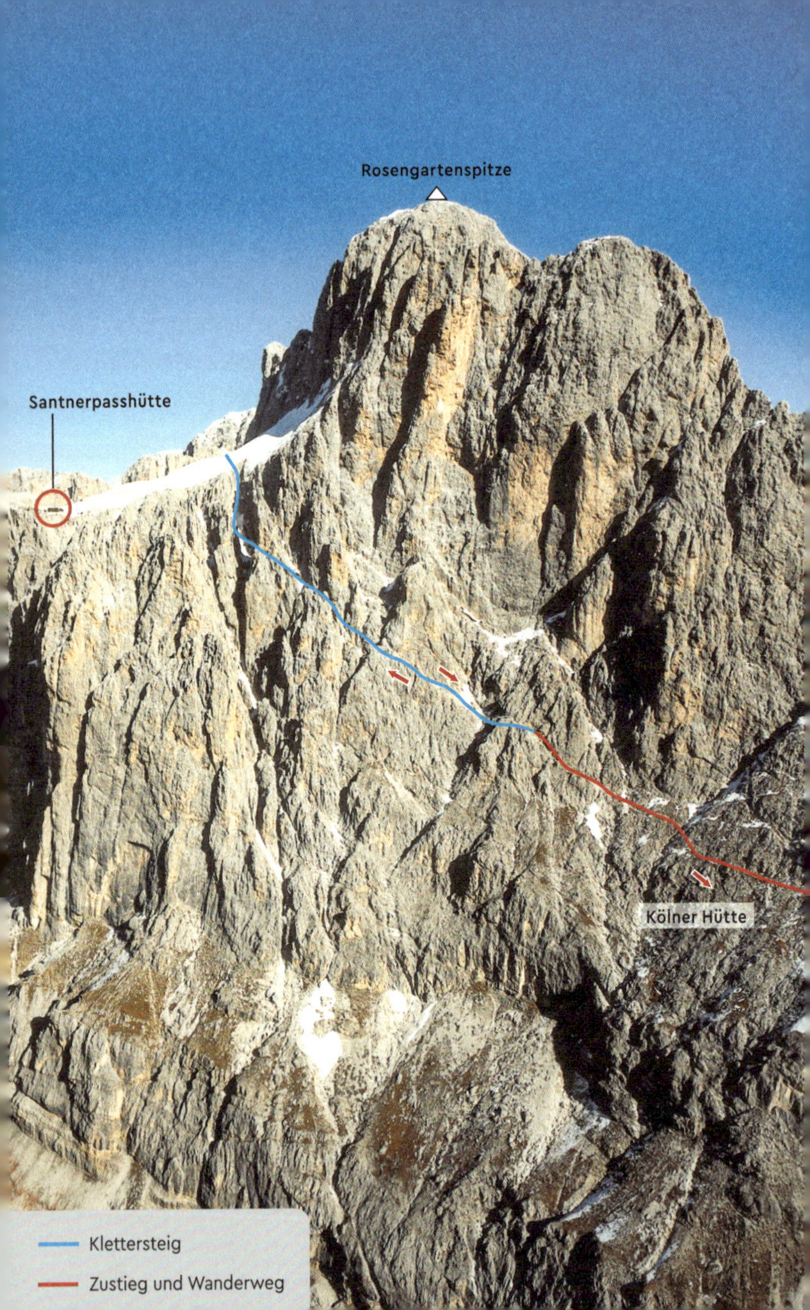
Rosengartenspitze
Santnerpasshütte
Kölner Hütte
Klettersteig
Zustieg und Wanderweg

SANTNERPASS-KLETTERSTEIG

Schwierigkeiten und allgemeine Informationen: Der im Prinzip leichte Klettersteig ist nur im letzten Drittel gut gesichert, meist bewegt man sich ungesichert entlang von Rinnen und Bändern, in der Mitte befindet sich ein einfacher, kurzer Leiteranstieg, im Frühsommer Querung einer gefährlichen Eisrinne (unbedingt informieren, evtl. Steigeisen und Pickel nötig); der Zustieg verlangt absolute Trittsicherheit (ungesicherter Felsensteig, kurze Kletterstellen im I.–II. Schwierigkeitsgrad).

Anfahrt und Ausgangspunkt: Durch das Eggental bis kurz unterhalb des Karerpasses, der Abzweigung zum Nigerpass bis zur Frommeralm folgen, dort parken und Auffahrt mit dem Laurin-Sessellift zur Rosengartenhütte (Kölner Hütte, 2339 m); Sommerbetrieb Sessellift: Anfang Juni bis Mitte Oktober.

Zustieg: Oberhalb der Rosengartenhütte (geöffnet von etwa Mitte Juni bis Ende September) über teils gesicherte Felsstufen ansteigen, dann über Weg Nr. 542s zum Einstieg; der obere Teil führt exponiert und ungesichert über kurze Kletterstellen (I–II) zum Einstieg.

ca. 4 Std., ca. 5 ½ Std. über das Tschagerjoch,
Zustiegszeit: ca. 1 Std.
Zeit am Klettersteig: ca. 1 Std.
ca. 2 Std. über den Klettersteig,
ca. 3 ½ Std. über das Tschagerjoch

420 m

mittel

West

Tappeiner 160, Tiers und Umgebung, 1: 25.000

Routen-Info: Mittellange Bergtour, die jedoch zur interessanten Umrundung des Rosengartenmassives ausgebaut werden kann. Auf- und Abstieg über den Klettersteig erfordern wegen der kurzen Kletterstellen am Zustieg absolute Trittsicherheit und alpine Erfahrung. Alle Sicherungen wurden 2013 komplett erneuert.

Charakteristik und technische Details: Klettersteig, nicht zur Gänze mit Stahlseilen gesichert. Eine kurze Leiter am senkrechten Aufschwung. Zustieg zum Teil über exponierten Felssteig, kurze Kletterstellen im I. und II. Schwierigkeitsgrad. Im Frühjahr kann sich in der berüchtigten Eisrinne der Winterschnee lange halten. Die klettertechnisch schwierigste Stelle befindet sich am Ausstieg aus der Eisrinne.

Abstieg: Zurück über den Klettersteig oder durch den Gardeccia-Kessel und über das Tschagerjoch: von der Santnerpasshütte (Juni–Oktober geöffnet) kurz unterhalb des Ausstieges zur Gartl- und weiter zur Vajolethütte (Markierung Nr. 542s) absteigen, weiter über den Fahrweg bis zur Abzweigung des Weges zum Tschagerjoch (Wegweiser Nr. 541). Steil ins Joch (Markierung Nr. 550) und auf der anderen Seite ebenfalls steil zur Rosengartenhütte absteigen. Zusätzliche 430 Höhenmeter, 1½ Stunden Anstieg, sowie 560 Höhenmeter, 1½ Stunden Abstieg.

20 Santnerpasshütte

VON CIAMPEDIE ZUR SANTNERPASSHÜTTE

Tourenbeschreibung

Eine prächtige Bergtour ins Herz der Dolomiten! Von Vigo di Fassa schwebt man mit der Seilbahn Catinaccio bequem hinauf nach Ciampedie und wandert zunächst fast eben auf einem Saumpfad mit der Mark. 540 hinein zwischen die hoch aufragenden Dolomitenwände zum Rifugio Gardeccia.

Bald danach wird der Weg steiler und weiter oben sind bereits die terrassenartigen Felsstrukturen zu erkennen, auf denen sich die Schutzhütten Preuss und Vajolet befinden. Noch ein kurzes Stück hinauf, dann biegt man auf Mark. 542 (auch Gartl-Klettersteig) nach links ab, die hinaufführt zur Gartlhütte. Es handelt sich um einen mit Stahlseilen gesicherten Wanderweg. Beschildert ist dieser kurz nach der Abzweigung nach der Vajolethütte als „sentiero escursionistico per esperti". Direkt über der Gartlhütte ragen die bekannten Vajolettürme auf. Eigentlich sind es deren sechs, wirklich bekannt sind aber nur die drei südlichen Türme, die nach ihren Erstbesteigern Delago, Stabeler und Winkler benannt sind, und zu den beliebtesten Kletterrouten in den Dolomiten gehören.

Talstation der Seilbahn Catinaccio/Ciampedie in Vigo di Fassa

ca. 6 Std.

ca. 820 m

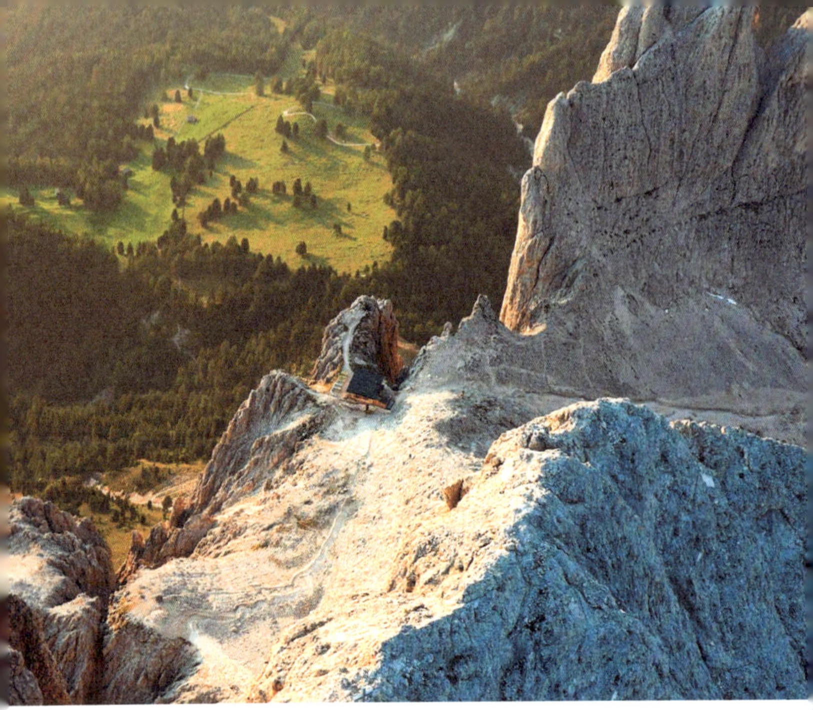

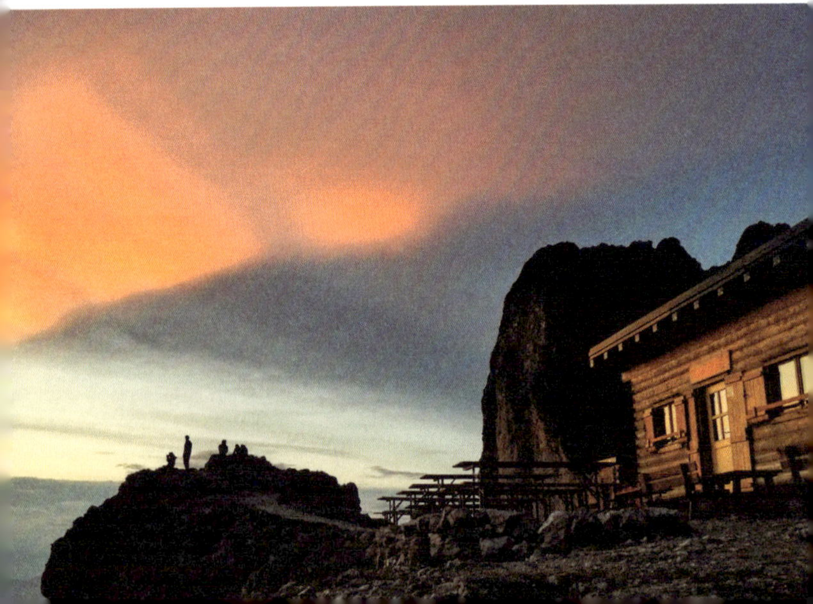

Und nun ist es nur noch ein halbes Stündchen bis zum Tagesziel: der Santnerpasshütte, wunderbar gelegen zwischen Rosengartenspitze und Laurinswand.

Aber nicht nur die nächste Umgebung ist beeindruckend, auch die Fernsicht bietet allerhand: vom Latemar hin zu Weißhorn und Schwarzhorn, Brentagruppe, Ortler und Alpenhauptkamm bis in die Schweiz.

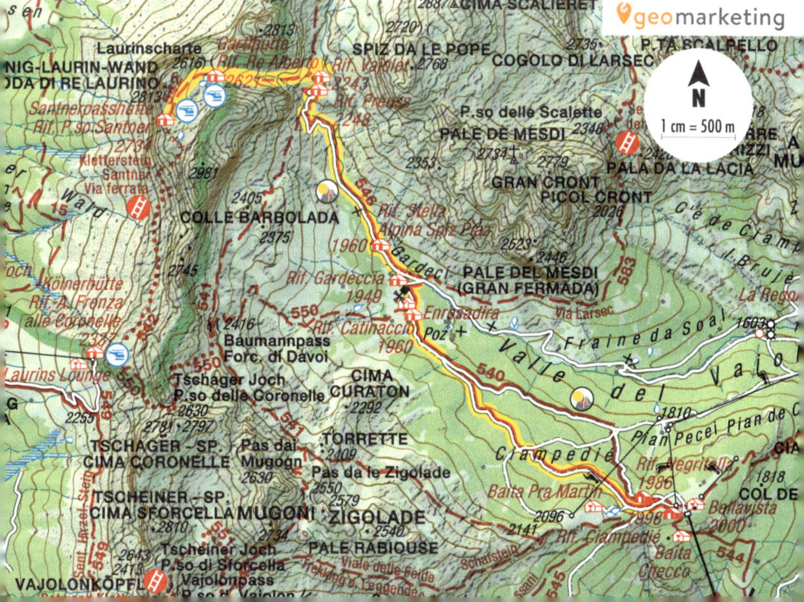

21 Lenkjöchlhütte, 2603 m

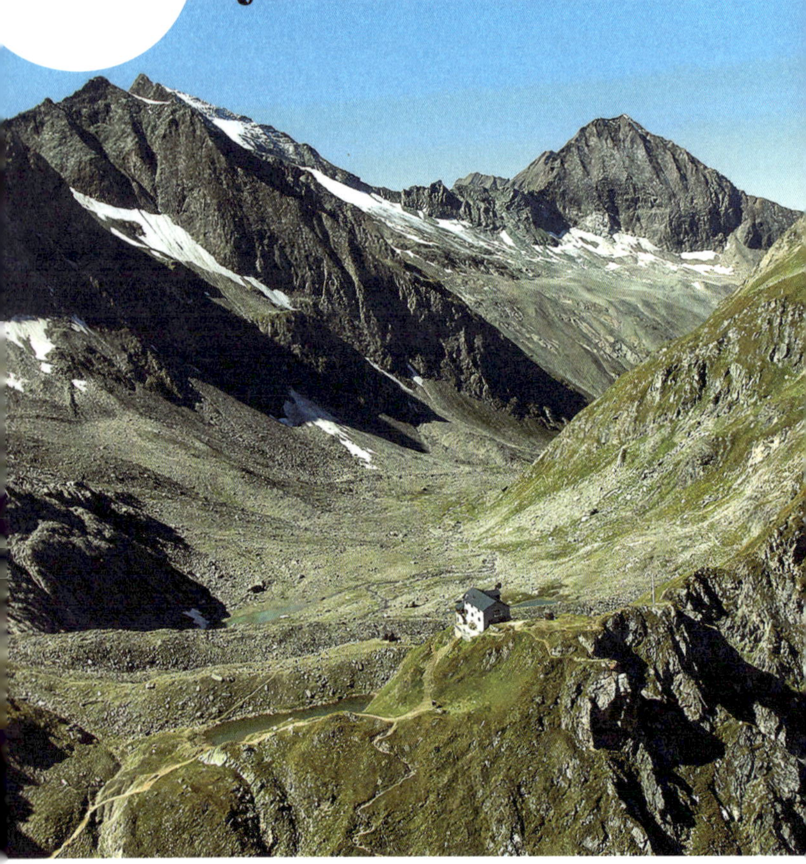

Zustiege

- Parkplatz in Kasern, Weg Nr. 12 Windtal, 1000 Hm, ca. 2 ½ Std. auf leichtem Wanderweg zur Hütte
- Parkplatz in Kasern, Weg Nr. 11 Röttal, 1000 Hm, ca. 2 ½ Std. auf leichtem Wanderweg zur Hütte

Das hochalpine Schutzhaus im hintersten Ahrntal befindet sich am Fuß der Rötspitze, zwischen Röt- und Windtal. Die Schutzhütte, erbaut von der DAV Sektion Leipzig, ist ein idealer Stützpunkt für die Besteigung von Rötspitze (3495 m), Dreiherrenspitze (3499 m), Ahrner Kopf (3051 m) und Roßhuf (2199 m), zudem ist sie Ausgangspunkt für den Übergang zur Clarahütte (Österreich).
Weiters stellt die Lenkjöchlhütte den Zielort einer der schönsten Rundwanderungen im Naturpark Rieserferner-Ahr dar. Die bequemen Anstiege durch die beiden Täler, Röttal und Windtal bieten einen überwältigenden Blick in die zerklüfteten Gletscherflanken der Rötspitze und ermöglichen somit ein leicht zu erreichendes, hochalpines Erlebnis.

Die Unterkunft

Die Hütte verfügt über 40 Schlafplätze in Mehrbettzimmern und einem Lager. Ab 2022 ist ein größerer Zubau mit zusätzlichen Schlafgelegenheiten in Zwei- und Vierbettzimmern geplant.

Öffnungszeiten: 1. Juli bis Ende September

Kirchdorf 79/p
I-39030 Prettau (BZ)

T +39 0474 838144
M + 39 334 8854207
info@lenkl.com
www.lenkl.com

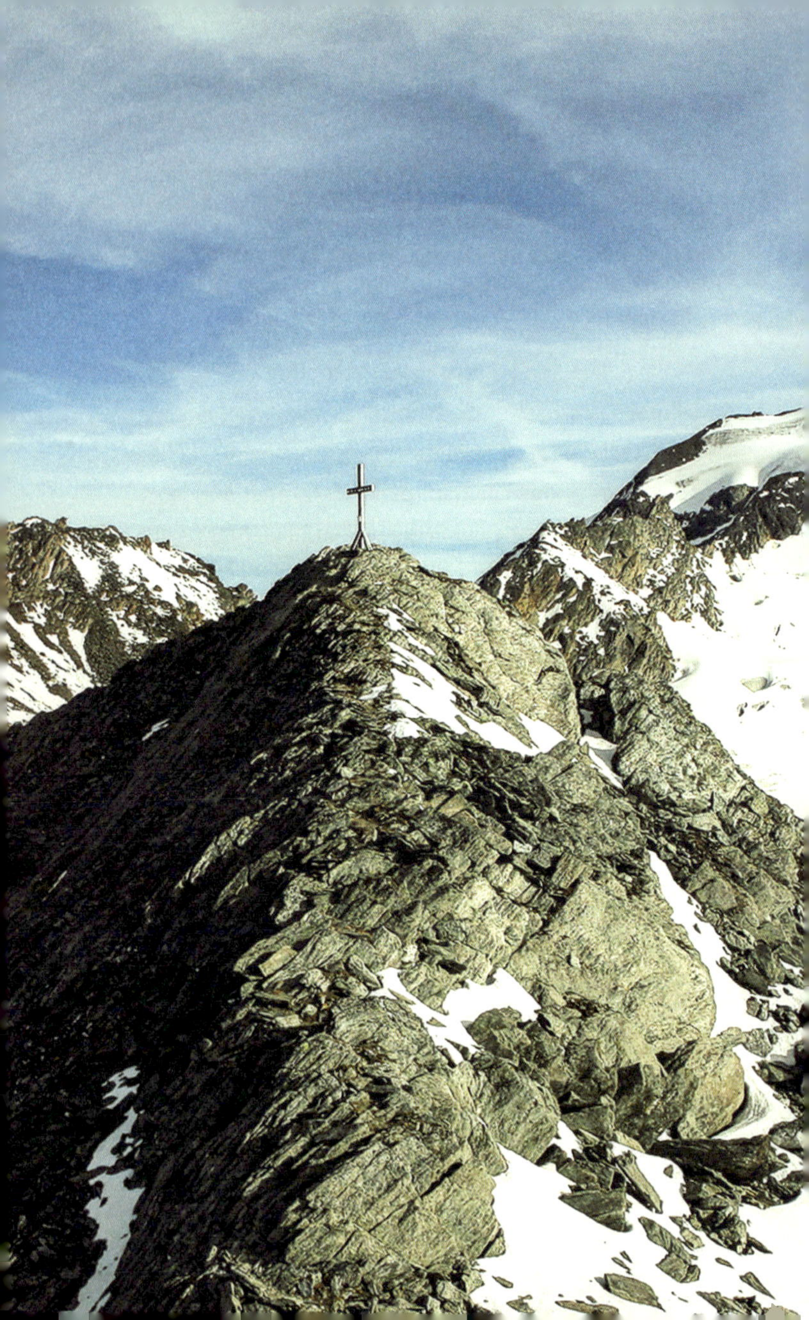

21 Lenkjöchlhütte

AHRNER KOPF, 3051m

Der Ahrner Kopf wird als „Dreitausender für Jedermann" bezeichnet. Der Anstieg ist demnach, im Vergleich zu anderen Dreitausendern, auch ohne hochalpine Erfahrung und Ausrüstung möglich. Der Ahrner Kopf bleibt aber ein Dreitausender, die Herausforderungen des Hochgebirges sollten also nicht unterschätzt werden.

Tourenbeschreibung

Von der Hütte steigt man kurz in Richtung Osten ab, bis die Mark. 12B vom Hauptweg abzweigt. Dieser folgt man für etwa einen Kilometer, über Gras- und Blockhänge, bis die erste Steilstufe erreicht wird. Es geht bergauf. Ein relativ steiler Abschnitt mit einer kurzen gesicherten Stelle führt zu einer Wegverzweigung zum Vorderen- oder Hinteren Umbaltörl. Hier angelangt, dem Weg zum Vorderen Umbaltörl bis zur Abzweigung des nummernlos markierten Gipfelanstiegs folgen und von dort aus über Blockwerk und Geröll, steil aber unschwierig, hinauf zum schönen Gipfelkreuz. Oben können Einsteiger und Fortgeschrittene, Jung und Alt einen überwältigenden Ausblick über die beeindruckenden Gipfel der umliegenden Gebirgsketten genießen. Dank ihrer imposanten Höhe dominieren Rötspitze und Dreiherrenspitze die wunderschöne Aussicht.

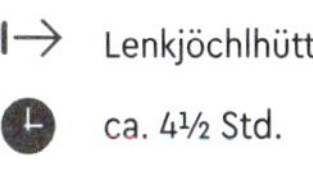

Lenkjöchlhütte

ca. 4½ Std.

450 m

Abstieg wie Aufstieg.
Eine interessante Variante ist bei guten Bedingungen bei der letzten Wegverzweigung die Fortsetzung zum Vorderen Umbaltörl (2925 m). Von dort kann man ebenfalls unschwierig über das Blockwerk des breiten Grates zum Gipfel aufsteigen. Abstieg über die Westflanke, den oben beschriebenen Aufstiegsweg.

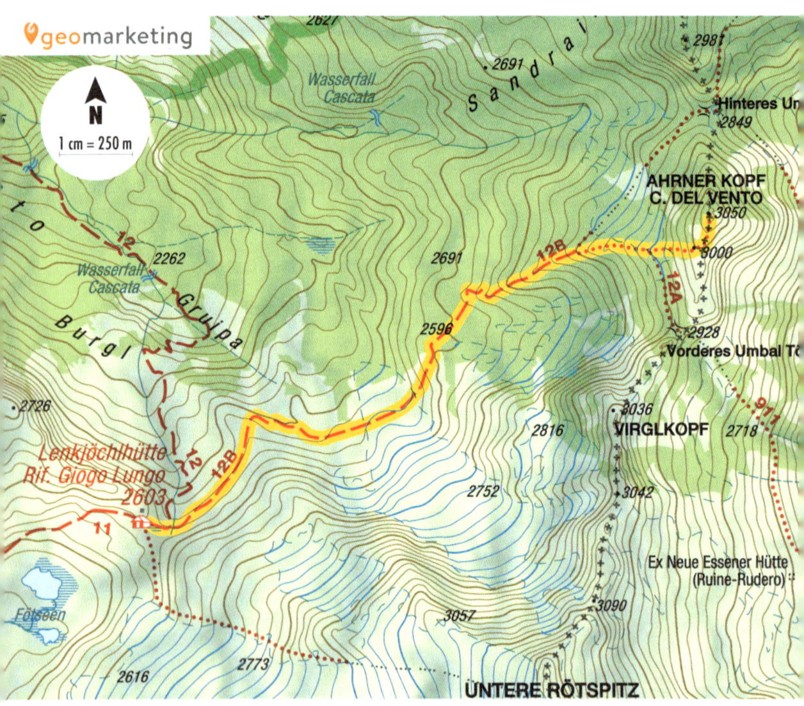

21 Lenkjöchlhütte

RÖTSPITZE, 3495m

Die Rötspitze zählt gemeinsam mit der Dreiherrenspitze zu den höchsten „Ahrntalern". 80 Dreitausender säumen das Tauferer Ahrntal, die Rötspitze zählt eindeutig zu den formschönsten und attraktivsten dieser Gipfel. Die Besteigung der Rötspitze erfordert Berg- und Gletschererfahrung sowie die Mitnahme der nötigen Ausrüstung.

Die Gletscherverhältnisse haben einen starken Einfluss auf den Schwierigkeitsgrad des An- und Abstiegs. Ideale Bedingungen sind normalerweise im Zeitraum zwischen Juli und Mitte August gegeben.

Tourenbeschreibung

Die Bergtour beginnt direkt am Fuß der Lenkjöchlhütte. Ein unmarkierter, aber guter Steig führt über den erdig-felsigen Rücken steil bergauf zum Rötkees. Die folgende Gletscherpassage führt zur Unteren Rötspitze (3200 m) und weist im letzten Anstieg eine Neigung von etwa 30° auf. Oben angekommen bietet sich die Möglichkeit zu einer kurzen Rast mit atemberaubendem Panorama.

Anschließend steigt man am Nordostgrat, recht flach entlang der Firnschulter, weiter zum Fuß der Rötspitze. Am Felsgrat befindet sich der Einstieg in den Kamin (2er-Kletterstelle). Von Alternativrouten wird abgeraten, da im

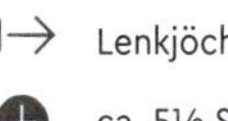

|→ Lenkjöchlhütte
ca. 5½ Std.
ca. 890 m

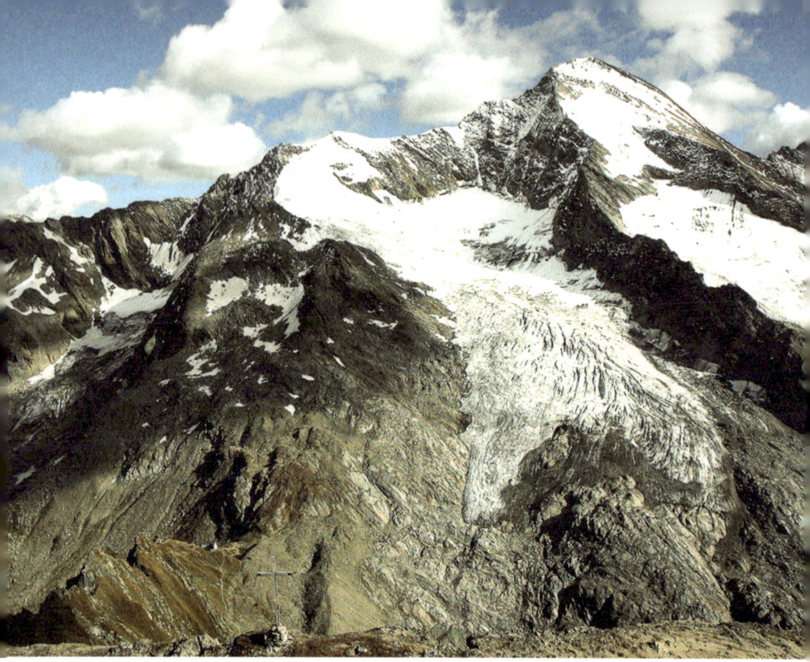

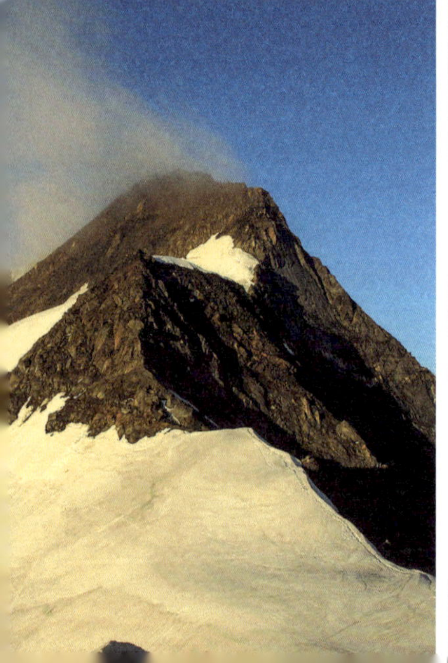

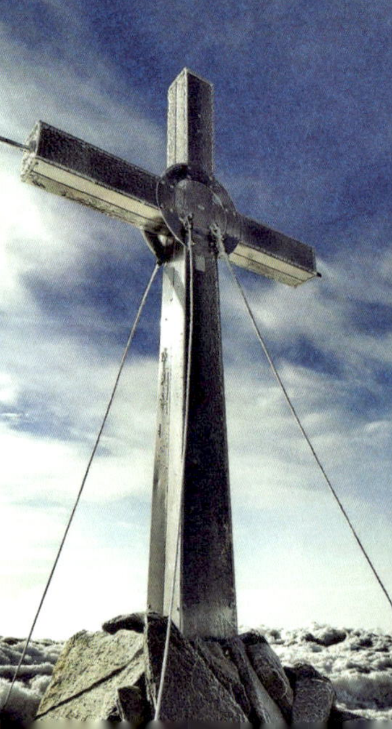

Gegensatz zum Kamin, welcher im festen und sicheren Gestein sitzt, andere Routen in sehr abschüssigem, losem Gelände verlaufen. Oben angelangt, dem Steig bis zum nächsten Eisgrat folgen. Sobald dieser Eisgrat überquert ist, ist es wichtig, beim Wiedereinstieg auf den Fels (Vorgipfel) erneut in den direkten Grat einzusteigen. Der letzte Teil der Besteigung, welcher festes Gestein und gute Griffmöglichkeiten bietet, führt zuerst hinauf und anschließend relativ flach hinüber zum Gipfelkreuz. All die Herausforderungen und Mühen machen sich durch das Gipfelerlebnis, welches eine gigantische Aussicht eröffnet, auf jeden Fall bezahlt.

Abstieg wie Aufstieg.

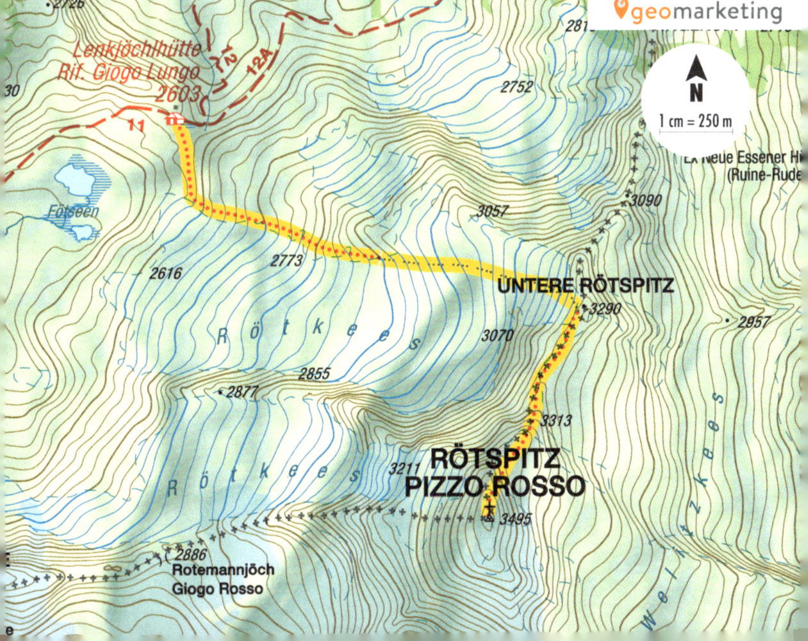

22 Sandro-Pertini-Hütte, 2316 m

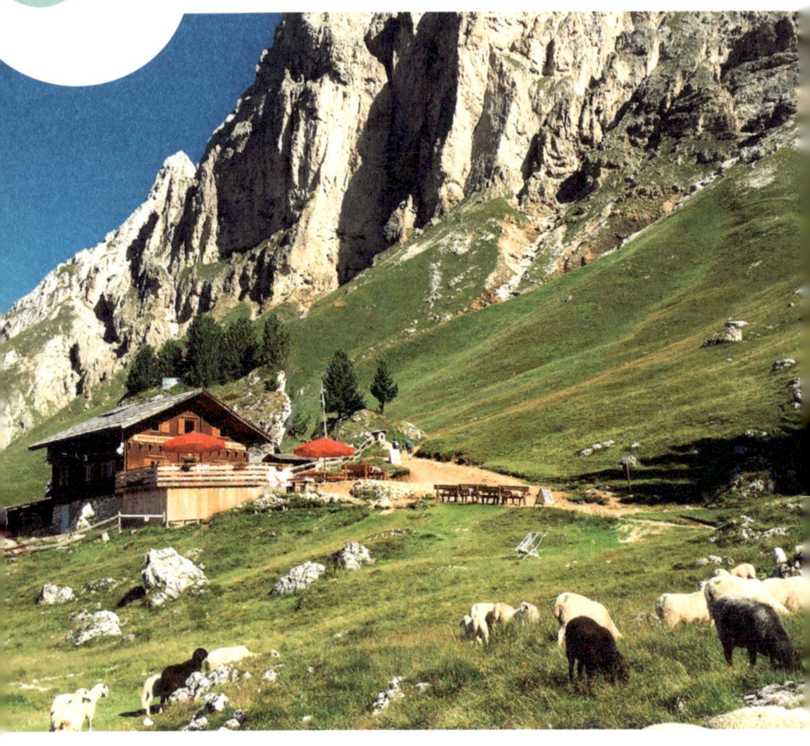

Zustiege

- Von Campitello mit der Seilbahn bis Col Rodella; von der Bergstation in ca. 40 Min. über den Wanderweg Nr. 557 „Höhenweg Friedrich August"
- Vom Sellajoch bis zur Kreuzung mit dem Höhenweg Nr. 557 in 1 Std. 15 Min.
- Von der Seiser Alm zur Plattkofelhütte und weiter auf dem Weg Nr. 557 in 1 Std.
- Von Campitello aus Richtung Val Duron bis Micheluzzi-Hütte (1 Std. 20 Min.), weiter auf Weg Nr. 553 Richtung Plattkofel, dann auf Weg Nr. 557 zur Sandro-Pertini-Hütte (Gesamtzeit 3 ½ Std.)

Die Hütte wurde 1986 nach dem ehemaligen Italienischen Präsidenten Sandro Pertini – ein begeisterter Liebhaber der Dolomiten – benannt. Sie liegt auf der Südseite der Langkofelgruppe mit herrlichem Blick auf die Dolomiten: Rosengarten, Latemar, Monzoni-Kette, Sellagruppe und Marmolata-Gletscher). Auf der Hütte wird durchgehend warme Küche angeboten. Es werden typische ladinische Gerichte sowie Südtiroler Traditionsgerichte angeboten: Polenta, Bratwurst, Pilze, Sauerkraut, Knödel, Rehgulasch und Almkäse.

Die Unterkunft

Die Hütte verfügt über ein Matratzenlager mit 14 Schlafplätzen, fließendes warmes Wasser und zwei Duschen. Für die Übernachtung ist ein Hüttenschlafsack notwendig (Kauf oder Verleih möglich). Alle Betten haben Decken und Kopfkissen. Vormerkung für die Übernachtung ist erwünscht.

Öffnungszeiten: 1. Juni bis Anfang Oktober

Loc. Pian di Sasc
I-38031 Campitello di Fassa (TN)

T +39 328 8651993
info@rifugiopertini.com
www.rifugiopertini.com

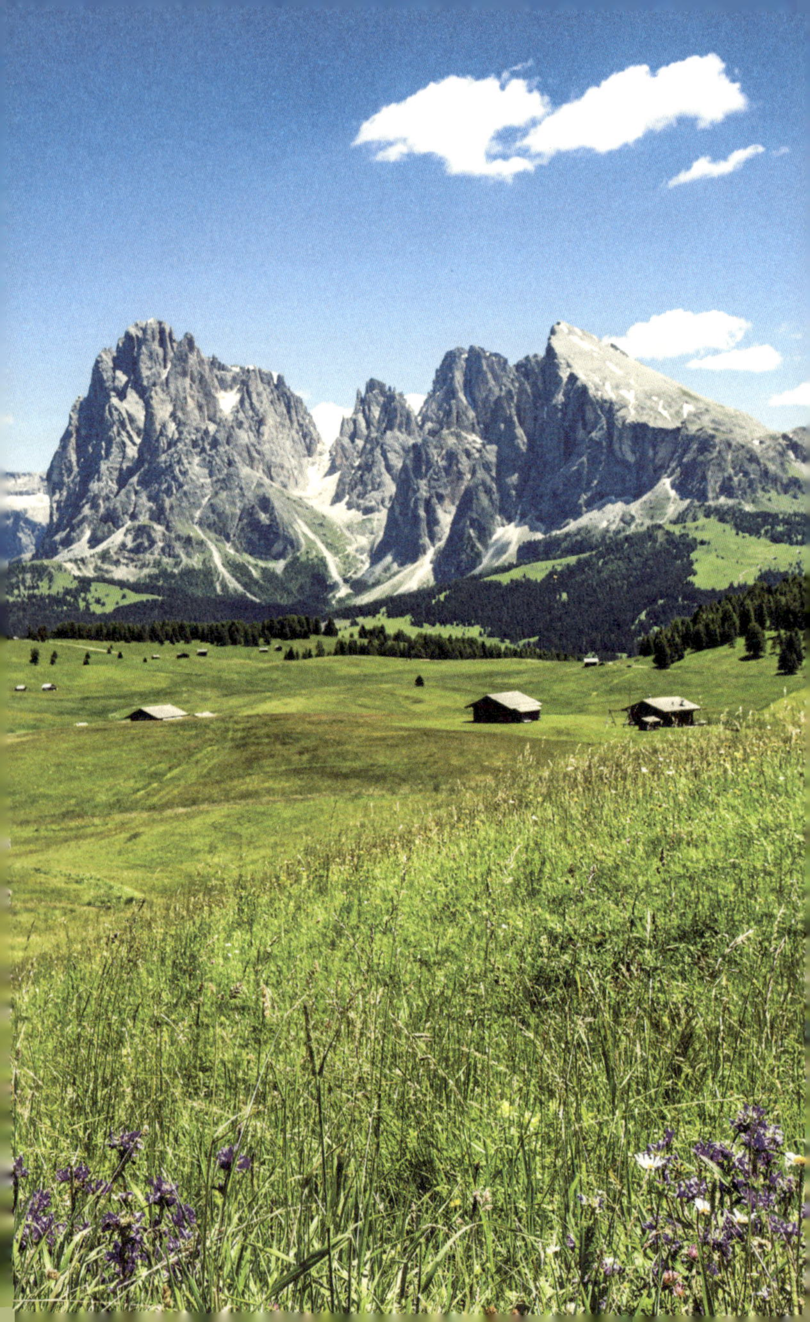

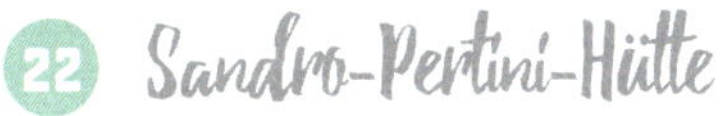

AUF DEN PLATTKOFEL, 2969 m

Der Friedrich-August-Weg zählt zu den schönsten „einfachen" Höhenwegen in den Dolomiten. Er führt am Südfuß von Fünffinger-Spitze, Zahnkofel und vor allem Plattkofel entlang und bietet immer wieder ein atemberaubendes Panorama. Seinen Namen verdankt der Höhenweg König Friedrich August III. von Sachsen, der von 1904 bis 1914 seine Sommermonate in Seis verbrachte. Ein ungemein geselliger Mensch, der sich gerne inkognito unter die Menschen der Gegend begab.

Die Landschaft ist abwechslungsreich, die Flora besticht in ihrer Vielfältigkeit, so etwa Ende Juni, wenn Anemonen und gelber Enzian blühen und Edelweiß in den Magerwiesen dieser steinigen Landschaft zu sehen sind. (Der Bergfreund weiß, dass diese und viele weitere Blumen streng geschützt sind, er erfreut sich an ihrer Schönheit und lässt auch Nachkommenden die Freude am Erlebnis „Schauen!")

Der Plattkofel zeigt sich vor allem von der Seiser Alm aus in seiner charakteristischen Form: schräg abfallend die Südwestflanke und fast senkrecht abfallend das Gegenstück im Nordosten.

 Sandro-Pertini-Hütte

 ca. 4½ Std.

 ca. 800 m

Tourenbeschreibung

Die Gipfeltour beginnt ganz angenehm: Fast eben führt der Weg etwa 2 km hinüber zur Plattkofelhütte. Dort biegt man nach rechts auf Mark. 527 und nun beginnt der eigentliche Aufstieg durch die lange Schräge hinauf. Der Steig ist zwar markiert, trotzdem sollte man gut auf die Markierungen im gerölligen Gelände achten, da zahlreiche Steig- und Trittspuren leicht zu unnötigen und mühseligen Umwegen führen. Die Aussicht vom Mittelgipfel, auf dem das Kreuz steht, ist tatsächlich imposant. „Schaurig" stehen die Abstürze des Langkofels gegenüber und des Schauens wird man einfach nicht müde.

Rückweg wie Hinweg.

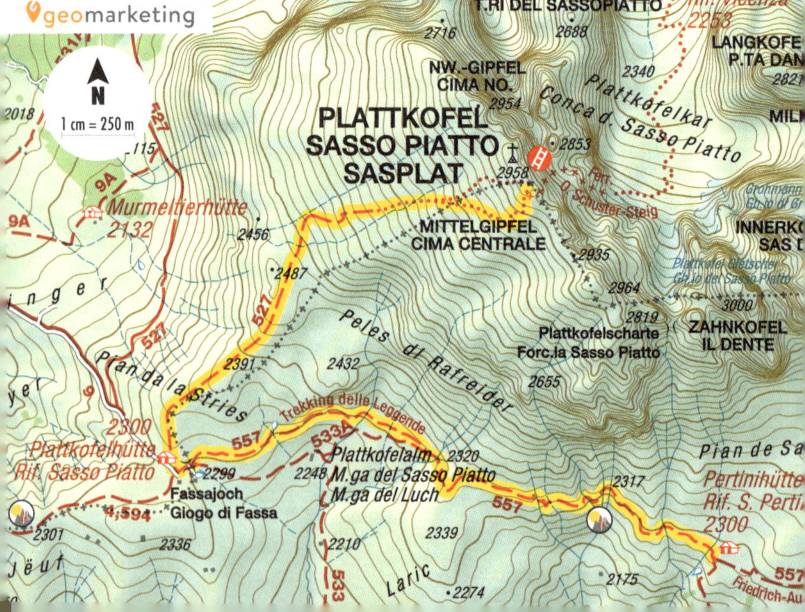

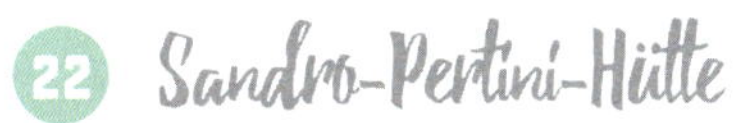

KLETTERSTEIG AUF DEN PLATTKOFEL

Gleich vorab: Die Schwierigkeit am Klettersteig wird mit B/C angegeben, zudem sind einzelne kurze Stücke ungesichert in nach alpinen Maßstäben einfacher, nicht ausgesetzter Kletterei (UIAA I/I+) zu bewältigen. Es ist also kein Klettersteig für Anfänger, aber ein wunderbares Erlebnis für einigermaßen erfahrene Klettersteigfreunde. Der sächsische Arzt Oskar Schuster war einer der deutschen Kletterpioniere in der Sächsischen Schweiz (Elbsandsteingebirge), im Kaukasus, aber vor allem auch in den Dolomiten. So stammen von ihm Erstbegehungen an der Fünffingerspitze, an der Grohmannspitze und 1895 eben eine weitere Neutour am Plattkofel. An den schwierigsten Stellen ist der Aufstieg heute mit Stahlseilen gesichert bzw. mit Eisenklammern versehen.

Begangen werden soll der Oskar-Schuster-Steig diesmal nicht über den „üblichen" Weg über die Langkofelscharte, sondern von der Sandro-Pertini-Hütte als Umrundung des Plattkofels an der Süd- und West-Seite zur Langkofelhütte.

Tourenbeschreibung

Wegen der Länge der Tour startet man frühzeitig und es ist schon ein Erlebnis, wenn man so gut wie alleine auf der „Aussichtspromenade" Fried-

 Sandro-Pertini-Hütte

 ca. 7 Std.

 ca. 1250 m, davon ca. 400 Hm Klettersteig

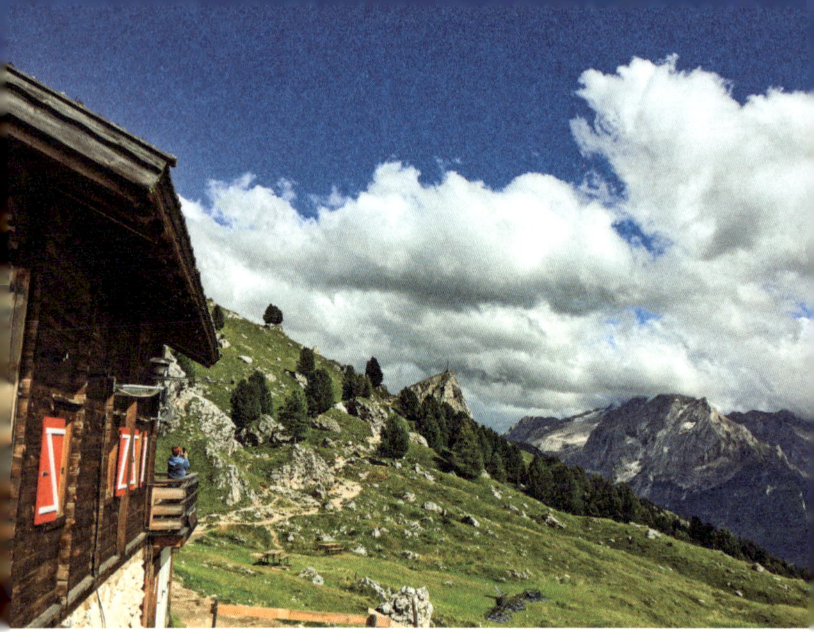

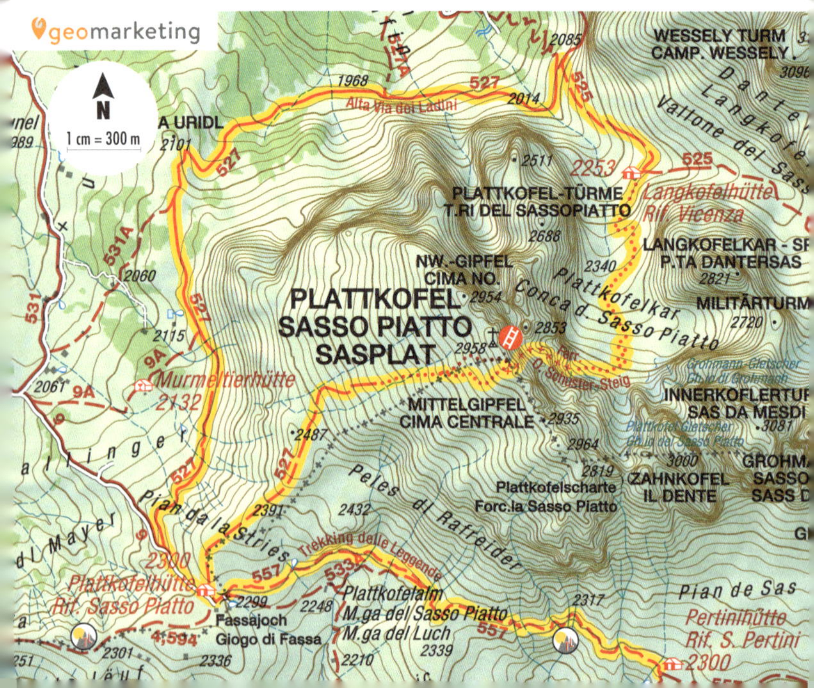

geomarketing

N

1 cm = 300 m

WESSELY TURM
CAMP. WESSELY

Vallone del Sass

Alta Via dei Ladini

PLATTKOFEL-TÜRME
T.RI DEL SASSOPIATTO

Langkofelhütte
Rif. Vicenza

LANGKOFELKAR - SP
P.TA DANTERSAS

NW.-GIPFEL
CIMA NO.

PLATTKOFEL
SASSO PIATTO
SASPLAT

Plattkofelkar
Conca d. Sasso Piatto

MILITÄRTURM

Oskar Schuster-Steig

Murmeltierhütte
2132

MITTELGIPFEL
CIMA CENTRALE

INNERKOFLERTUR
SAS DA MESDI

Peles di Rafreider

Plattkofelscharte
Forc.la Sasso Piatto

ZAHNKOFEL
IL DENTE

Pian da la Stries

Trekking delle Leggende

Plattkofelhütte
Rif. Sasso Piatto
2300

Fassajoch
Giogo di Fassa

Plattkofelalm
M.ga del Sasso Piatto
M.ga del Luch

Pian de Sas

Pertinihütte
Rif. S. Pertini
2300

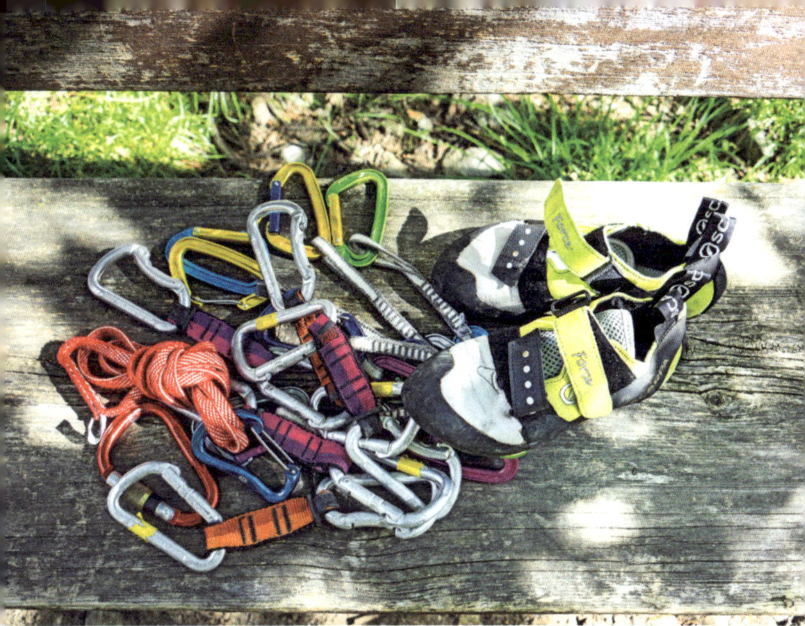

rich-August-Weg unterwegs ist. Fast eben und leicht abwärts geht's dahin, bis auf der Nordseite des Plattkofels der Aufstieg zur Langkofelhütte und weiter hinauf in die Schotterfelder des Plattkofelkars beginnt.
Im Frühsommer liegen oft Schneereste im unteren Teil und in den Rinnen und trotz neuer Routenführung ist der untere Teil steinschlaggefährdet! Besonders in den Stellen mit der erwähnten leichten Kletterei ist auf die Markierung zu achten, da einige „verlockende" Fortsetzungen in die Irre führen.
Der Abstieg über die lange Schräge auf der SSW-Seite ist einfach, aber etwas mühsam. Auch hier wegen der zahlreichen Steigspuren auf die Markierung achten. Der Rückweg über den Friedrich-August-Weg ist dann wieder purer Genuss.

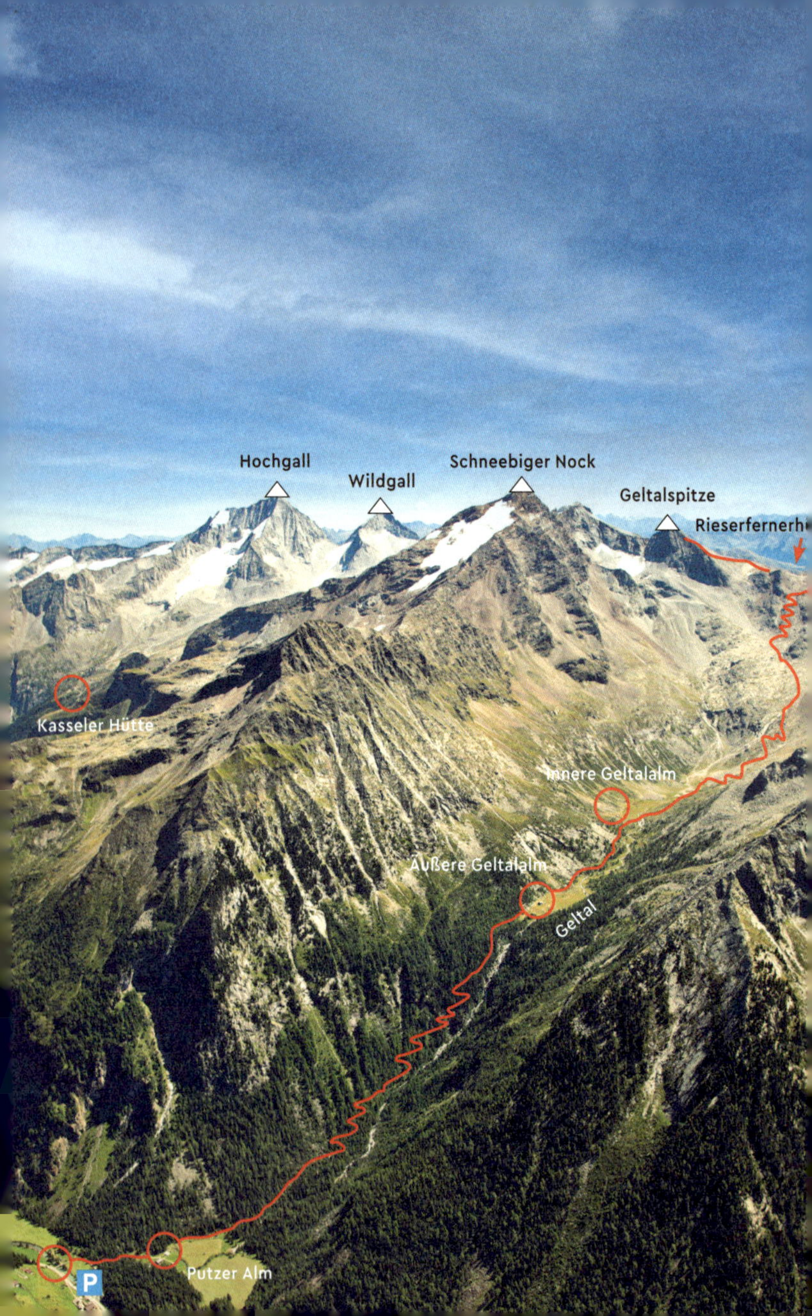
Hochgall
Wildgall
Schneebiger Nock
Geltalspitze
Rieserfernerh
Kasseler Hütte
Innere Geltalalm
Äußere Geltalalm
Geltal
Putzer Alm
P

23 Geltalspitze, 3126 m

Die verhältnismäßig selten bestiegene Geltalspitze in der Nähe der Rieserfernerhütte gehört sicherlich nicht zu den wildesten und einsamsten Bergen der Gegend, denn die meisten Bergsteiger ziehen eine Tour auf den Schneebigen Nock oder den Magerstein vor. Zu Unrecht, denn der Blick vom Gipfel der Geltalspitze über die Unnahen Bergketten in der Umgebung der Rieserfernerhütte ist wirklich einmalig! Der Aufstieg vom Reintal ist lange und anstrengend, trotzdem ist er den anderen Anstiegen vorzuziehen.

Tourenbeschreibung

Vom Parkplatz folgt man dem Weg Nr. 3 in Richtung Rieserfernerhütte. Nach der Putzer Alm (1539 m) wandert man kurz über die ebenen Almwiesen und steigt dann etwas steiler durch den Wald auf. Über unzählige Serpentinen führt der gepflasterte Weg zum Beginn des Geltales und weiter zur Äußeren Geltalalm (1995 m). Man geht ansteigend durch die herrliche alpine Umgebung zur Inneren Geltalalm (2070 m), wo man nach rechts hin einen breiten Felsgürtel (Wasserfall) umgeht. So gelangt man zum Fuße der finsteren, majestätischen Felspyramide des Wasserkopfs; von dort folgt man weiterhin dem augenscheinlichen Weg über ein ausgedehntes Schuttfeld. Der folgende Anstieg mit seinen vielen Ser-

 von Bruneck über Sand in Taufers nach Rein in Taufers – Reintal (SP 48 – Parkplatz Rieserfernerhütte, 1525 m)

 7½–8 Std.

 ca. 1600 m

 überwiegend E

 überwiegend Nordwest, dann Süd oder Ost

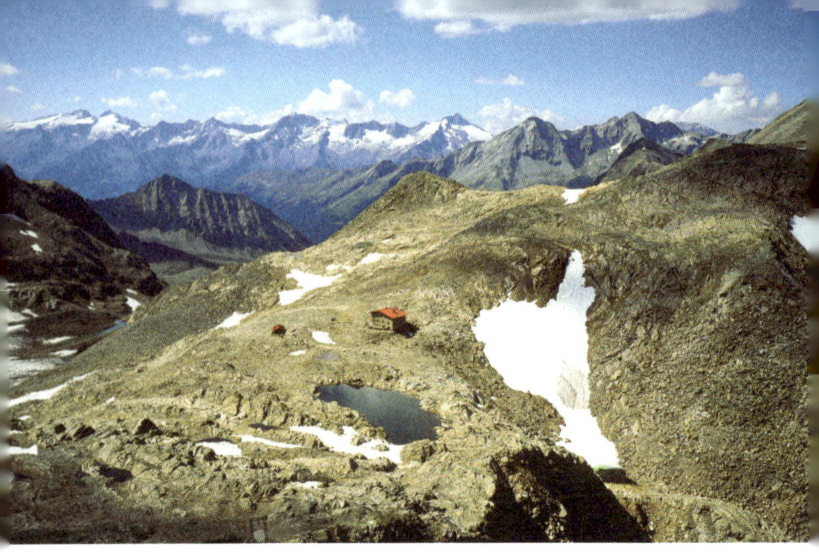

pentinen führt über einen Felsabsatz aufwärts zu mehreren Tümpeln und oft über Altschneefelder weiter zur Rieserfernerhütte (2791 m). Oberhalb der Hütte steigt man gegen Nordosten (Weg Nr. 1) über Moränen und Geröllhänge aufwärts. Man verlässt den Weg nach links und geht sehr steil über den Blockgrat weiter. Eine schlecht erkennbare Steigspur leitet zum Gipfel der Geltalspitze (3126 m), die von einem Steinmann gekennzeichnet wird. Obwohl der Aufstieg zu dieser bescheidenen und unscheinbaren Erhebung relativ lange ist, eignet sich die Geltalspitze gut als Tagestour. Das Gipfelpanorama ist herrlich und weitreichend; den schönsten Blick hat man auf das Geltal und die Steilabstürze des Schneebigen Nock sowie auf den Magerstein, das Antholzer Tal, die Gsieser Berge, die Rieserfernerhütte und den nahen Geltalferner. Man steigt über den Aufstiegsweg zurück ins Tal.

24 Kleine Ohrenspitze, 2938 m

Die Kleine Ohrenspitze ist ein wilder und sehr einsam gelegener Berg, im Angesicht der beeindruckenden Ostwände des Hochgall und Wildgall. Der Wegabschnitt ab der Riepenscharte ist wegen der schlechten Gesteinsqualität (Schutt und brüchiges Gelände) nicht immer im besten Zustand. Von der Holzstange am Gipfel ist der Blick auf die Gsieser Berge und das Antholzer Tal einfach atemberaubend!

Tourenbeschreibung

Beim Abfluss des Sees beginnt eine schmale Naturstraße (Markierung Nr. 39, Hinweis „Riepenscharte"), die durch den Wald in nördliche Richtung aufwärts führt. Straße und Weg wechseln sich ab und führen zum steilen Wegabschnitt, der über viele Serpentinen über die orographisch linke Flanke des Taleinschnittes hinauf leitet. Über einen schönen Wegabschnitt gelangt man zu den grasigen Steilhängen am Fuße der Rinne, die von der Riepenscharte herunterzieht (Blick auf die darüberliegenden Wände des Hochgall und des Wildgall). Man geht zuerst bis zu den Geröllhalden des Riepenboden und dann nach links weiter, um am Fuße der Durrerspitze in eine Geröllrinne einzusteigen. Mühsam geht es zwischen den Blöcken hindurch aufwärts in die Riepenscharte (2764 m). Dort wendet man sich nach rechts und folgt dem

 durch das Pustertal Richtung Olang und dann weiter ins Antholzer Tal – Antholzer See (1638 m)

 6½–7 Std.

 ca. 1300 m

 bis zur Scharte E, dann EE

 Südwest, Nordwest

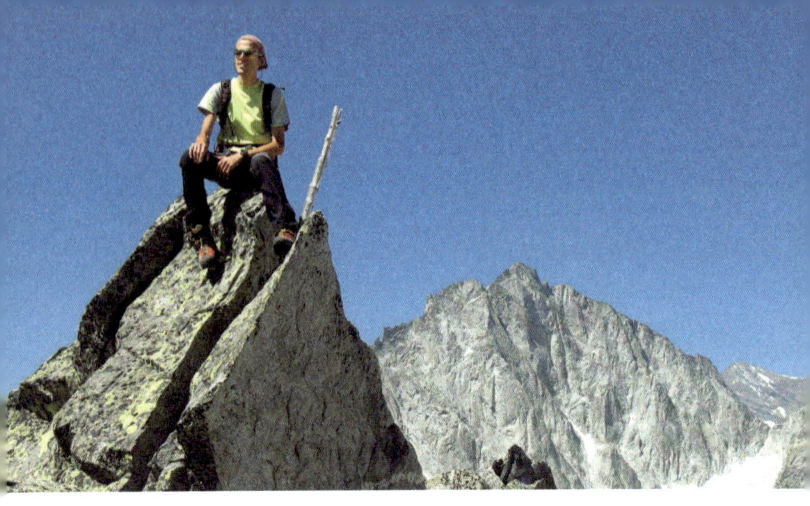

italienisch-österreichischen Grenzkamm, der in östliche Richtung zum Fuße des Gipfels leitet (Steigspuren, Hinweise auf Metallschilder). Über Steinstufen, die sich weiter oben verlieren, gelangt man zu einer Felserhebung; diese wird rechts umgangen. Der Weiterweg ist steil und das Gelände brüchig. Mit großer Vorsicht steigt man mühsam zum Nordwestgrat des Berges auf. Den besten und sichersten Weg suchend und mit Blick hinunter in die Abstürze der beeindruckenden Südwestwand, folgt man dem Grat. Nachdem man den Gipfelgrat erreicht hat, geht man gegen Osten weiter und steigt in unterhaltsamer, einfacher Kletterei zum Gipfel der Kleinen Ohrenspitze auf. Der höchste Punkt wird von einem großen, gespaltenen Block und einer Holzstange gekennzeichnet. Ein unvergleichbar schönes Panorama empfängt den Bergsteiger, der auf die Ostwände des Hochgall und des Wildgall blickt sowie auf die Gsieser Berge und die Dolomiten. Vom Gipfel steigt man über den Aufstiegsweg ab.

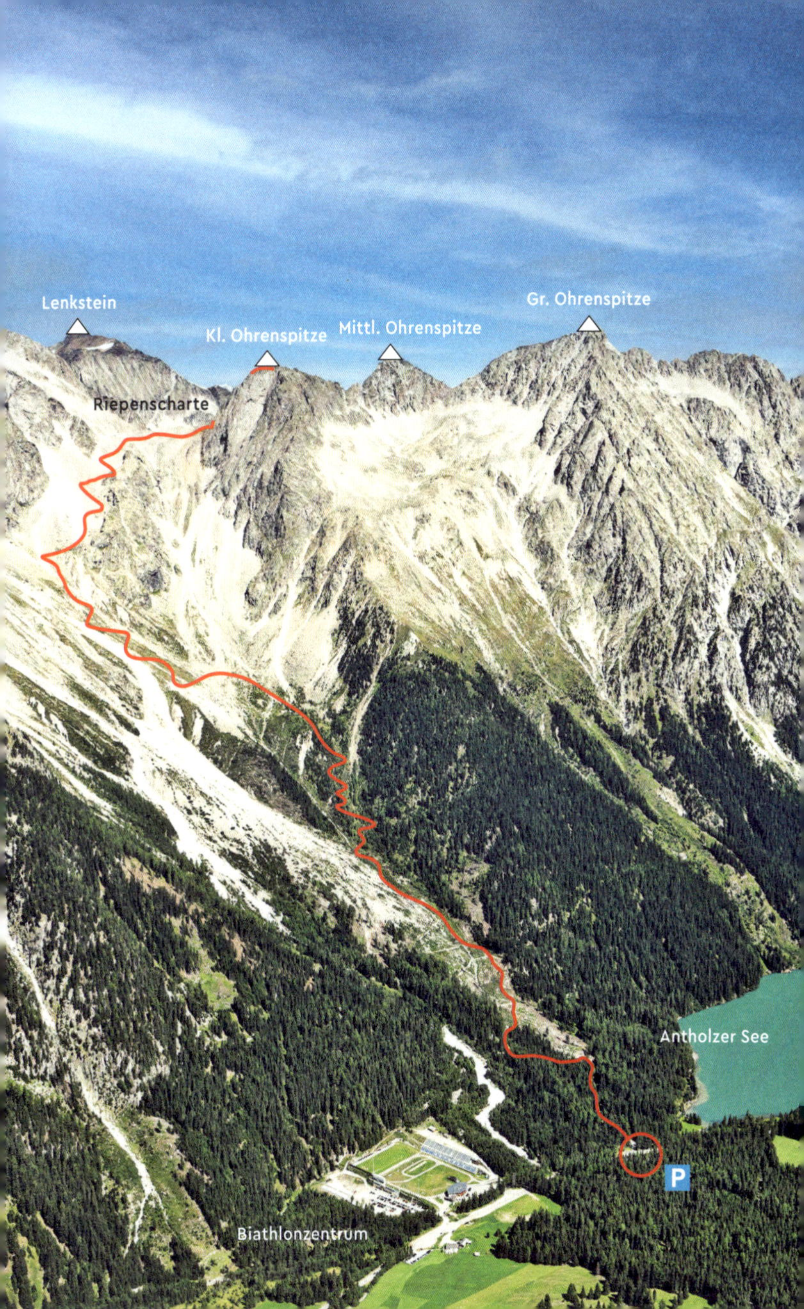
Lenkstein
Kl. Ohrenspitze
Mittl. Ohrenspitze
Gr. Ohrenspitze
Riepenscharte
Antholzer See
P
Biathlonzentrum

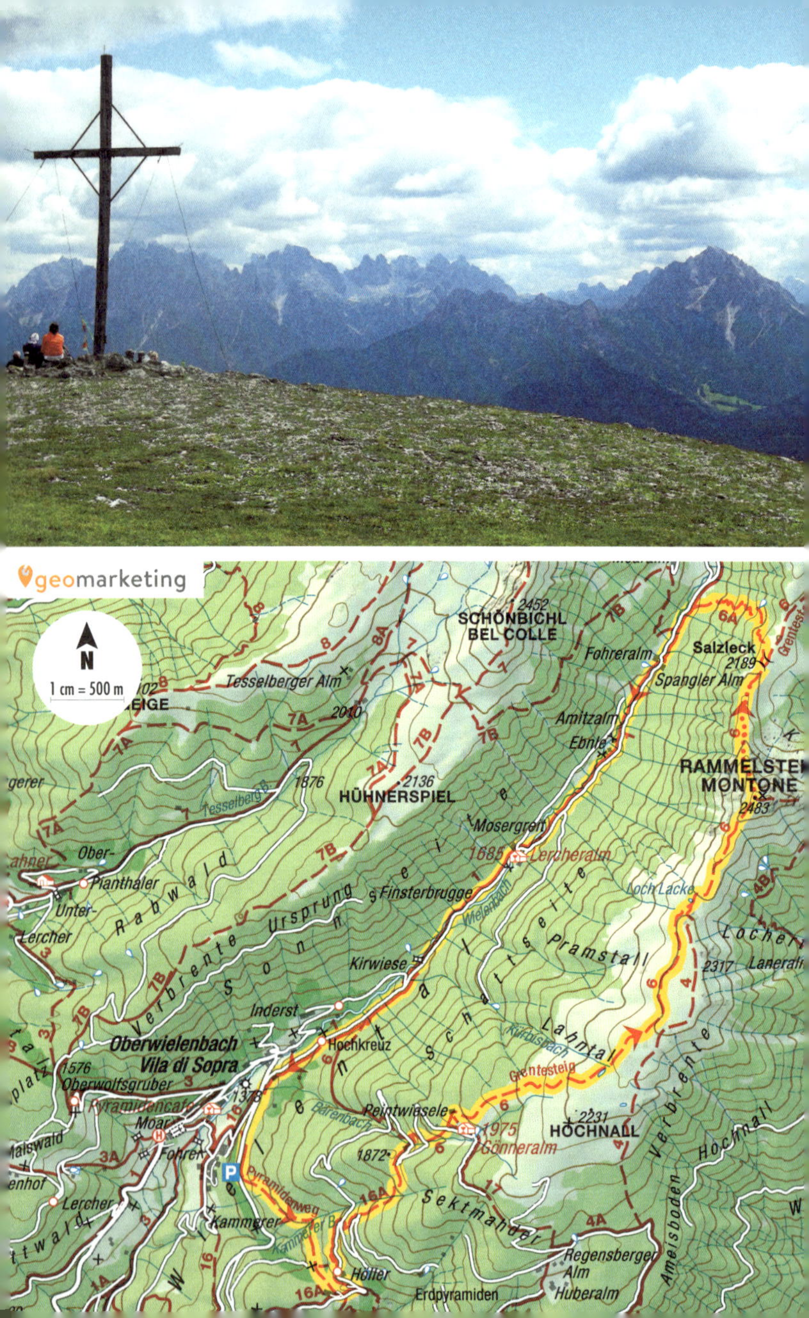
geomarketing
N
1 cm = 500 m
SCHÖNBICHL
BEL COLLE
2452
Tesselberger Alm
2010
HÜHNERSPIEL
2136
1876
Fohreralm
Salzleck
2189
Spangler Alm
Amitzalm
Ebnle
RAMMELSTEI
MONTONE
2483
Mosergren
1685
Lercheralm
Loch Lacke
Finsterbrugge
Wielenbach
Rabwald
Verbrente Ursprung
Sonnseite
Schattseite
Pramstall
Kirwiese
Inderst
Hochkreuz
Oberwielenbach
Vila di Sopra
1576
Oberwolfsgruber
1378
Pyramidencafe
Moar
Fohren
Lahntal
Kürbisbach
Grentesteig
Bärenbach
Peintwiesele
1975
Gönneralm
2231
HOCHNALL
2317
Lanerali
Locher
1872
Sektmahder
Pyramidenweg
Kammerer
Kammerer B.
Höller
Erdpyramiden
Regensberger Alm
Huberalm
Ameisboden
Verbrente
Hochnall
Ober-
Planthaler
Unter-
Lercher
Tesselberg B.
Maiswald
Lercher
2102

25 Rammelstein, 2483 m

Tourenbeschreibung

Vom Parkplatz den Wegweisern bis zu den Erdpyramiden folgen. Ab dort dann am Höllerhof vorbei – Mark. 6 folgend – hinauf zur Gönneralm. Immer entlang der Markierung 6 geht es den Bergrücken des Grentesteigs hinauf zum Rammelstein auf 2483 m. Herrlich öffnet sich auf dem Gipfel der Tiefblick ins Antholzer Tal und über das westliche Pustertal.

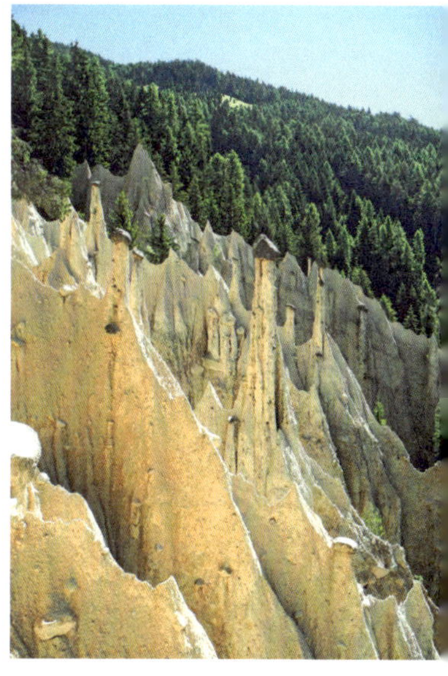

Abstieg

Dieser erfolgt über Markierung 6 nach Norden. Steiles Blockwerk und seilgesicherte Teilstücke leiten hinab zum „Salzleck" (2189 m). Nun folgt man der Markierung 6A den Westhang hinunter ins Wielental und dann der Almstraße (Mark. 1) talauswärts bis zum Ausgangspunkt in Oberwielenbach.

 durch das Pustertal bis nach Percha und weiter hinauf nach Oberwielenbach; kurz danach gibt es einen Parkplatz bei den Erdpyramiden

 ca. 6–7 Std.

 ca. 1200 m

 schwierig (mehrere Passagen im Abstieg)

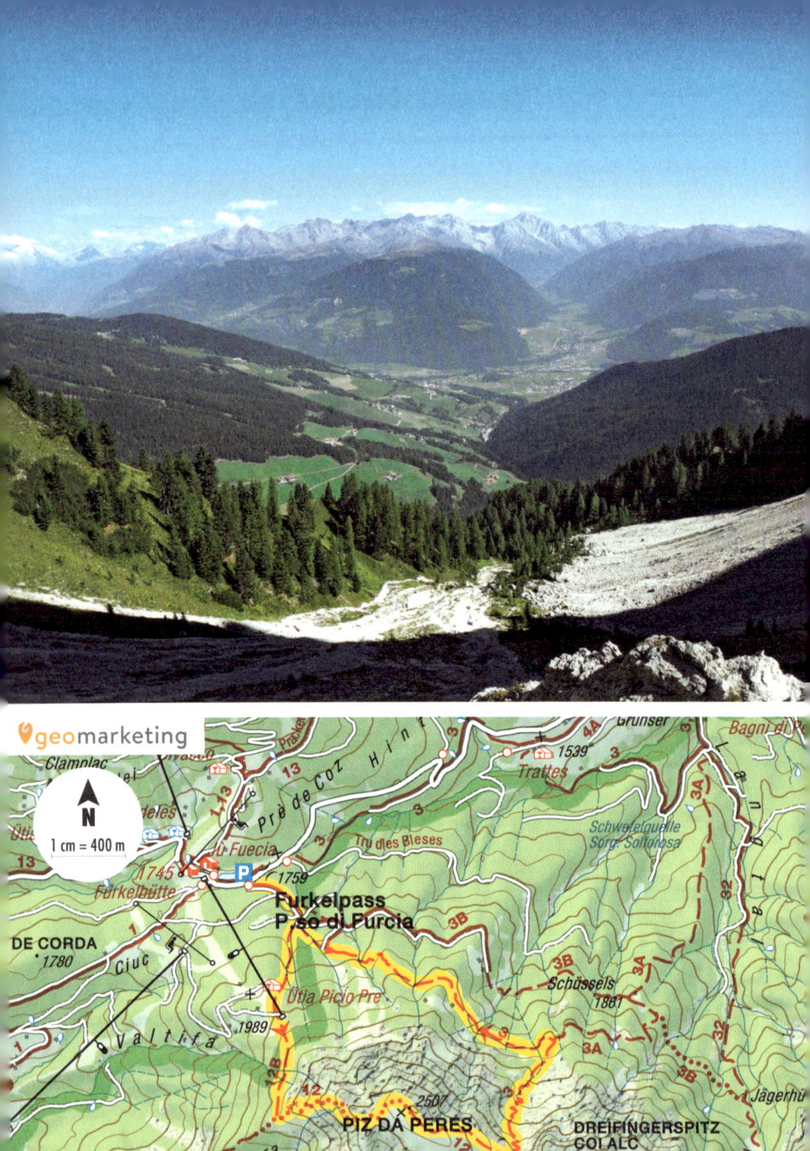
geomarketing
N
1 cm = 400 m
Clamplac
Trattes
1539
Pre de Coz
Tru dles Bleses
Schwefelquelle
Sorg. Solforosa
1745
Furkelhütte
1759
Furkelpass
P.so di Furcia
DE CORDA
1780
Ciuc
Ütia Picio Pre
1989
Valtifa
Schüssels
1861
PIZ DA PERES
2507
DREIFINGERSPITZ
COI ALC
2479
2330
Dreifinger Sch.
Forc. Tre dita
La Para
Pre de Coz
Foda
L. de Fojedöra
Hochalpensee
Sorgente
Fojedöra
Padaures
Lapedurestal

26 Piz da Peres, 2507 m

Tourenbeschreibung

Direkt am Pass einer Forststraße (Mark. 3) folgen. Nach etwa 1 km zweigt rechts der Steig 12B ab; diesem folgen. Etwas steil bergauf bis ins Skigelände der Furkel und am Rande der Skipiste bis zur letzten Liftstation. Durch lockeren Lärchenwald leitet die Markierung 12B zuerst steil und dann in langer Querung zur ersten Aussichtswarte mit Kreuz. Das Panorama öffnet sich nach Westen genauso wie nach Osten und Norden bis hin zur Marmolata. Abwechselnd rechts oder links des Nordgrates geht es nun über mehrere Felsschrofen und Stufen nach oben. Schließlich gelangt man auf den Südwestgrat in wenigen Minuten zum Gipfel Piz da Peres (2507 m). Vom Gipfel bietet sich ein herrliches Panorama über das gesamte Pustertal! Der Abstieg beginnt entlang der Markierung 3 auf grüner Weidelandschaft direkt nach Osten bis in die Dreifingerscharte. Ein langes, steiles Schuttkar leitet nach Norden hinab, bis in den Waldbereich und eine lange Querung – immer auf Markierung 3 – führt zurück zum Furkelpass.

Hinweis

Der Anstieg über Weg 12B bietet ein außergewöhnliches Panorama, ist jedoch nicht ganz einfach und etwas exponiert. Bei Höhenangst besser Weg Nr. 3 auch im Anstieg wählen.

durch das Pustertal bis St. Lorenzen und weiter über das Gadertal nach St. Vigil in Enneberg zum Furkelpass oder über Olang nach Geiselsberg zum Furkelpass auf 1789 m

ca. 5 Std.

ca. 750 m

einfach (Mark. 12B schwierig)

Südwest, Nordwest

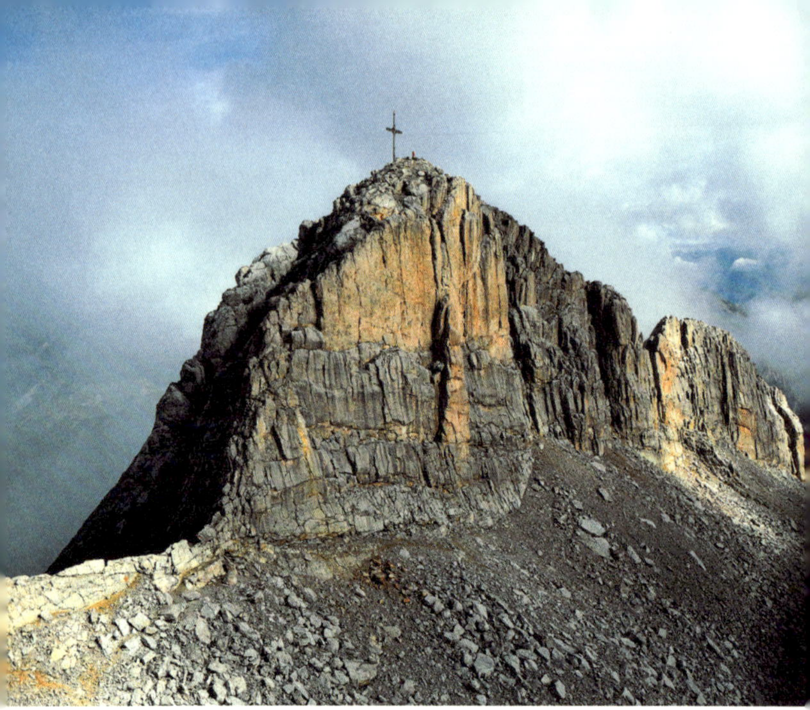

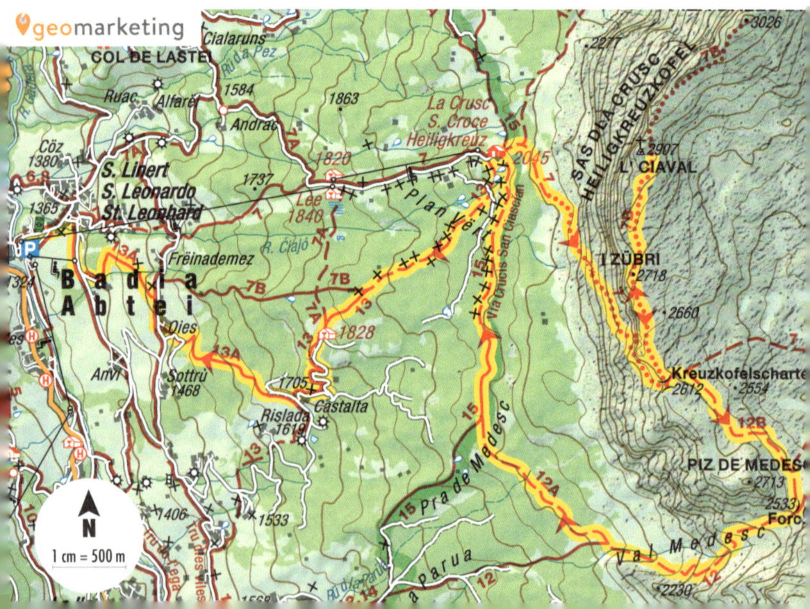

geomarketing

COL DE LASTEI
Cialaruns
Rü da Pez
Ruac
Alfarëi
1584
Andrac
1863
La Crusc
S. Croce
Heiligkreuz
2045
1820
Lee
1840
1737
Cöz
1380
S. Linert
S. Leonardo
St. Leonhard
1365
Plan Vë
Via Crucis San Ciascian
Frëinademez
R. Cìajó
Badia
Abtei
1324
Oies
1828
Anvi
Sottrü
1468
1705
Castalta
Rislada
1619
1406
1533
Pra de Medesc
Val Medesc
a Parua
SAS DLA CRUSC
HEILIGKREUZKOFEL
2277
3026
2907
L' CIAVAL
I ZÜBRI
2718
2660
Kreuzkofelscharte
2612
2554
PIZ DE MEDES
2713
2533
Forc
2230
N
1 cm = 500 m

Heiligkreuzkofel (Sas dla Crusc), 2907 m

Tour mit eindrucksvoller Karstlandschaft der Fanes-Hochfläche

Anfahrt und Ausgangspunkt

Durch das Pustertal bis St. Lorenzen. Weiter ins Gadertal bis Pedraces zum Parkplatz an der Talstation des Sesselliftes St. Leonhard/Heiligkreuz. Auffahrt mit dem Sessellift zum Heiligkreuz-Hospiz auf 2045 m.

Tourenbeschreibung

Am Heiligkreuz-Hospiz beginnt die Markierung 7, führt ansteigend durch Latschen und Schuttkare an die Südwand des Heiligkreuzkofels heran. Über mehrere, seilgesicherte Felsstufen erreicht man die Kreuzkofelscharte (Ju dla Crusc, 2612 m). Danach führt die Markierung 7B in der Weite der Karstlandschaft von Fanes zum Gipfel des Heiligkreuzkofels (2907 m).

Abstieg

Zurück zur Kreuzkofelscharte; weiter nach Nordosten und der Markierung 12B zur Forcella de Medesc (2533 m) folgen. Nun auf dem Weg Nr. 12 in steiles Schuttkar nach Süden ins Val Medesc, um dann wiederum in langer Ost-West-Querung (Mark. 12A + 15) zum Hospiz zurückzukehren. Mit dem Sessellift geht es zum Ausgangspunkt nach St. Leonhard zurück.

durch das Pustertal bis St. Lorenzen; weiter ins Gadertal bis Pedraces zum Parkplatz an der Talstation des Sesselliftes St. Leonhard/Heiligkreuz.

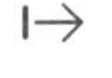

Bergstation Sessellift Heiligkreuz-Hospiz, 2045 m

ca. 6–7 Std.

ca. 1000 m

schwierig; Klettersteigausrüstung erforderlich

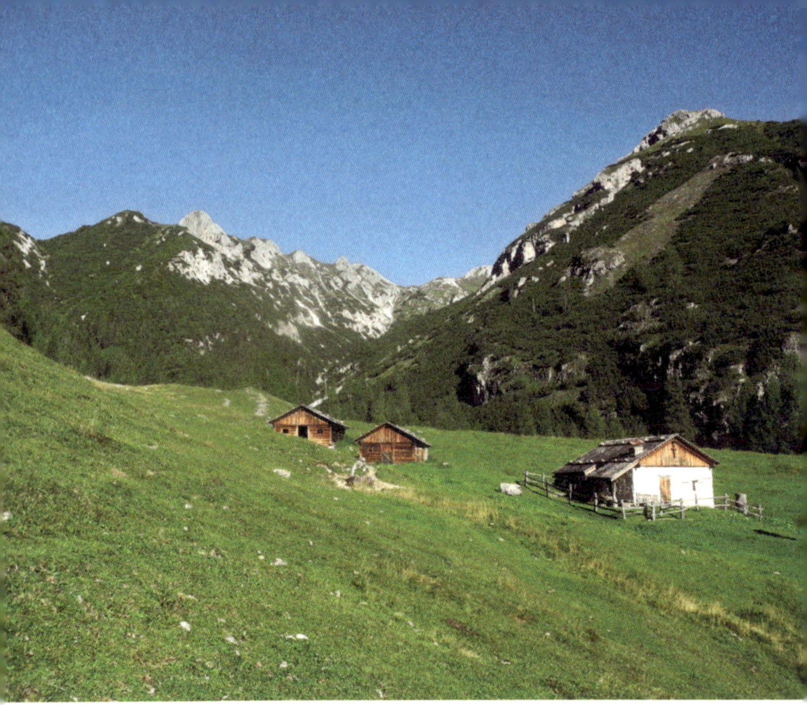

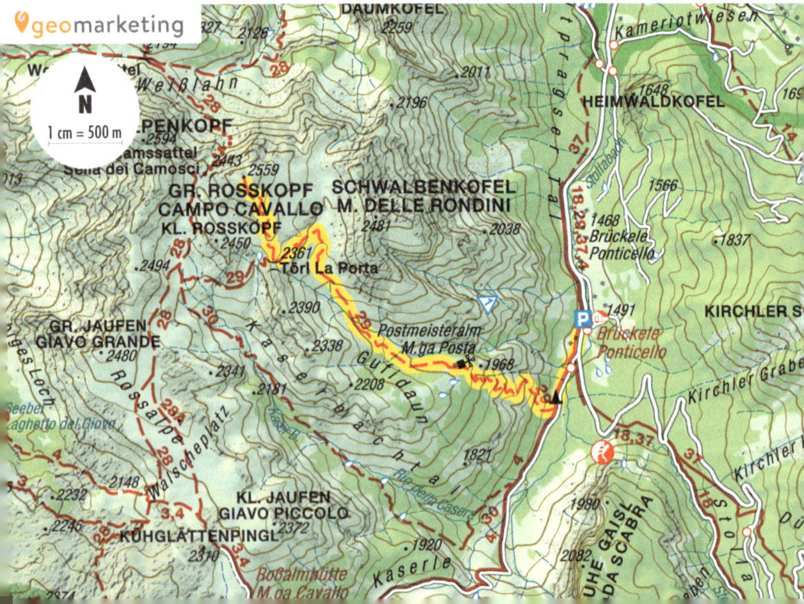

geomarketing
1 cm = 500 m
DAUMKOFEL
2259
Weißlahn
2126
2011
2196
PENKOPF
2594
Gamssattel
Sella dei Camosci
2443
2559
GR. ROSSKOPF
CAMPO CAVALLO
SCHWALBENKOFEL
M. DELLE RONDINI
2481
2038
KL. ROSSKOPF
2450
2361
Törl La Porta
2494
2390
GR. JAUFEN
GIAVO GRANDE
2480
2338
Postmeisteralm
M.ga Posta
1968
Gufidaun
2341
2181
2208
Rossalpe
Walscheplatz
Kaserbachtal
Rio della Casera
1821
2232
2148
2246
KL. JAUFEN
GIAVO PICCOLO
2372
KÜHGLÄTTENPINGL
2310
1920
Kaserle
Roßalmhütte
M.ga Cavallo
Seeber
Laghetto del Giovo
Pragser Tal
Kameriotwiesen
HEIMWALDKOFEL
1648
1566
Stollabach
1468
Brückele
Ponticello
1837
1491
Brückele
Ponticello
KIRCHLER S
Kirchler Grabe
18,37
1980
2082
GAISL
DA SCABRA
Stolla

28 Großer Rosskopf, 2559 m

Tourenbeschreibung

Vom Parkplatz kurz der Straße folgen und dann gleich halb rechts Weg Nr. 4 + 30. Dieser führt hinein in die sogenannte Rosslahne zum Gedenkstein der Lawinenopfer des Militärs von 1970. Direkt dahinter zweigt rechts der Weg Nr. 29 zur Postmeisteralm ab. Diesem in vielen Kehren folgen, vorbei an Felsen und Rastbänken, hinauf zur Postmeisteralm, auch Gufidaun genannt. Hier sprudelt normalerweise ein Brunnen und das Gelände wird flacher.

Im Weiterweg wird der Bach gequert, um dann an der Gegenseite wieder steiler durch ein Latschenfeld auf den oberen Almboden zu gelangen.

Der Steig leitet nach links hinauf und am Fuße einer Felsstufe wird hinaus auf einen Sattel (Törl) auf 2361 m gequert. Nun folgt man den Steigspuren, die am Südgrat entlang zum Gipfel des Großen Rosskopfs (2559 m) führen.

Abstieg wie Aufstieg.

durch das Pustertal ins Pragser Tal bis zum Parkplatz in Brückele

ca. 5–6 Std.

ca. 1070 m

einfach

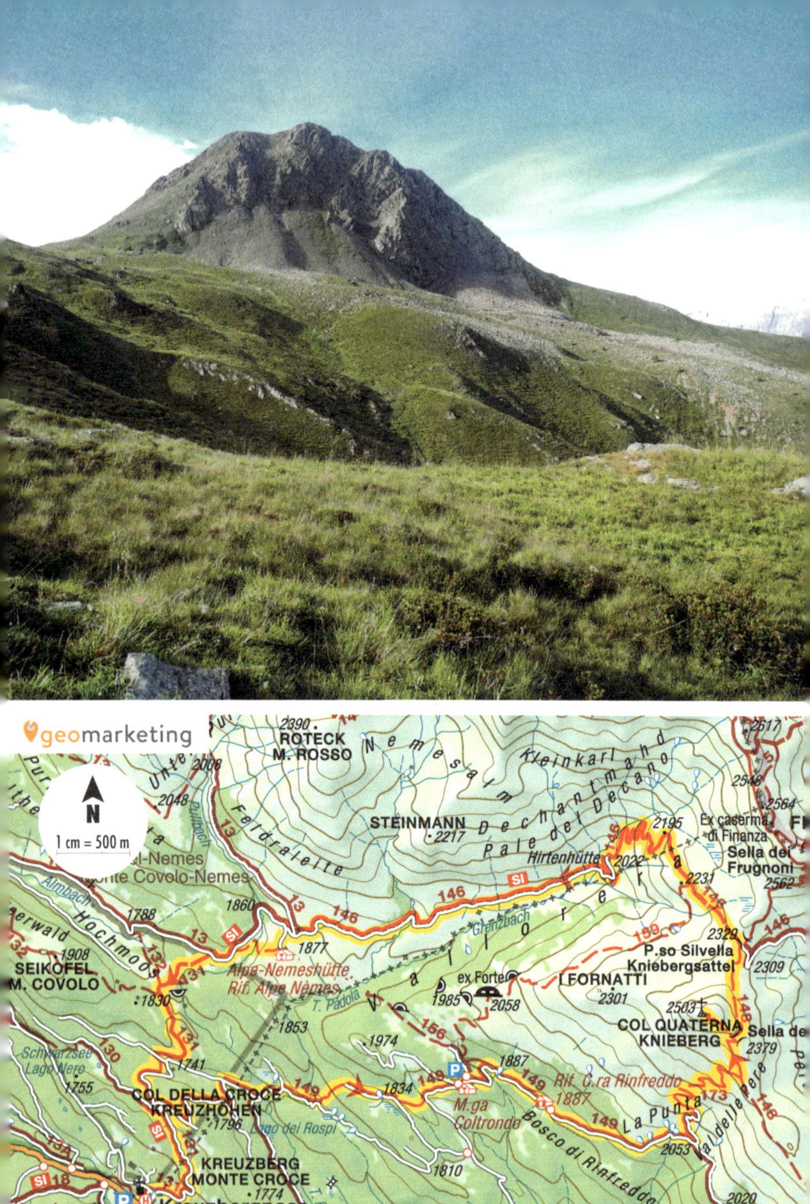
geomarketing
N
1 cm = 500 m
ROTECK
M. ROSSO
2390
Nemesalm
Kleinkarl
Dechantmahd
Pale del Decano
STEINMANN
2217
Feldraleite
Hirtenhütte
2022
2195
Ex caserma di Finanza
Sella dei Frugnoni
2562
2231
Valle Orera
Grenzbach
Alpe-Nemeshütte
Rif. Alpe Nemes
1877
1860
1788
Hochmoos
SEIKOFEL
M. COVOLO
1908
1830
T. Padola
ex Forte
1985
2058
I FORNATTI
2301
P.so Silvella
Kniebergsattel
2329
2309
2503
COL QUATERNA
KNIEBERG
2379
1853
1974
Schwarzsee
Lago Nero
1755
1741
COL DELLA CROCE
KREUZHÖHEN
1796
Lago dei Rospi
1834
1887
M.ga Coltrondo
Rif. C.ra Rinfreddo
1887
La Punta
2053
Valdelle Pere
Bosco di Rinfreddo
KREUZBERG
MONTE CROCE
1774
Kreuzbergpass
P.so Montecroce
1686
1810
P.te del Pissandolo
1804
1550
Bärensee
L. dell'Orso
2020
R. Rinfreddo
R. Grande
2617
2548
2564

29 Knieberg (Col Quaterna), 2503 m

Dieses Wandergebiet rund um den Knieberg wird auch gerne mit „Auf den Spuren von Papst Johannes Paul II." betitelt ...

Tourenbeschreibung

Vom Parkplatz den Fahrweg (Mark. 134) links hinauf, dann der Markierung 149 und den Wegweisern „Coltrondo" folgen. In leichtem Auf und Ab bis zur Coltrondo-Alm (ca. 1½ Std.) und weiter zum Rifugio Rinfreddo (1887 m, 10 Min.). Hier kurz dem Weg mit der Markierung 149 folgen, um dann auf die 173 zu wechseln; in mehreren Kehren der alten Militärstraße bergauf bis zur Sella del Quaterna (2379 m). Links darüber befindet sich der Gipfel des Col Quaterna (2503 m), den man in wenigen Minuten von der Scharte über einen schönen Steig erreicht.

Abstieg

Dieser erfolgt über den gleichen Weg, zurück zur Scharte Sella del Quaterna und der Markierung 148 folgend zum Kniebergsattel/Passo Silvella (2329 m). Ab dort weiter auf einem schönen Almweg (Mark. 146) zur Nemeshütte und schließlich auf Markierung 131 zurück zum Ausgangspunkt am Kreuzbergpass.

durch das Pustertal bis nach Innichen; weiter in das Sextner Tal bis zum Kreuzbergpass (1636 m, Parkplatz neben der Bushaltestelle)

ca. 6 Std.

ca. 900 m

einfach

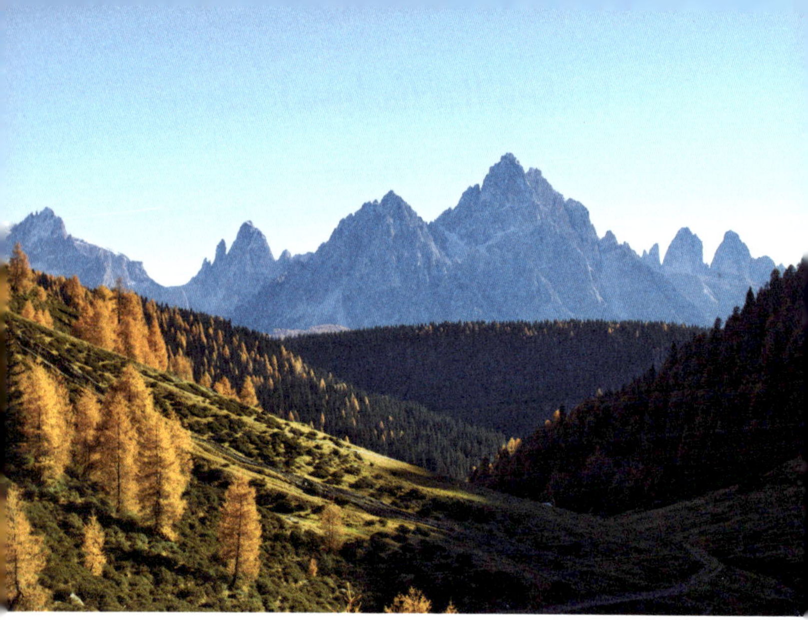

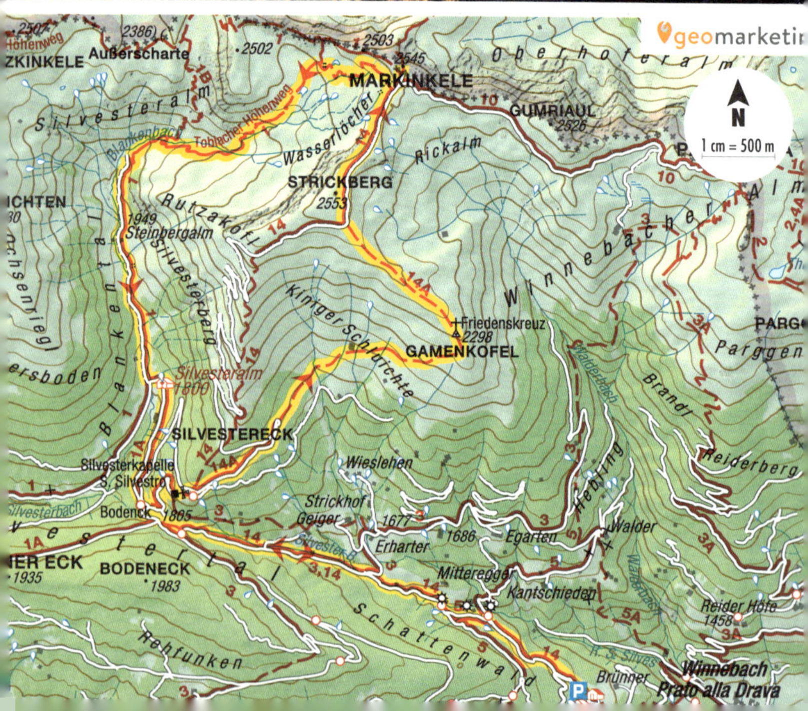

1 cm = 500 m
N
MARKINKELE
2545
2503
2502
2386
Außerscharte
Oberhoferalm
GUMRIAUL
2526
Silvesteralm
Toblacher Höhenweg
Wasserlöcher
Rickalm
STRICKBERG
2553
Rutzakofl
1949
Steinbergalm
Silvesterberg
Winnebacher Alm
Kiniger Schlorichte
Friedenskreuz
2298
GAMENKOFEL
Blankental
Silvesteralm
1800
SILVESTERECK
Wieslehen
Silvesterkapelle
S. Silvestro
Bodenck
1805
Strickhof
Geiger
1677
1686
Egarten
Walder
Erharter
Mitteregger
Kantschieden
Reiderberg
Reider Höfe
1458
Brandt
Parggen
BODENECK
1983
1935
Silvestertal
Schattenwald
Rehfunken
Brünner
Winnebach
Prato alla Drava

Gampenkofel, Strickberg und Markinkele

Tourenbeschreibung

Vom Parkplatz zunächst geradeaus entlang der Straße (Mark. 14) bis zur Silvesterkapelle. Nun folgt man der alten Militärstraße nach Osten bis in die erste Linkskehre. Die Straße verlassen und dem Steig (Mark. 14A) geradewegs in Almwiesen folgen. Zahlreiche alte Lärchen säumen den Steig. Im Osten ist bereits das sogenannte Friedenskreuz am Gampenkofel (2298 m) ersichtlich, zu dem wir aufsteigen. Nun wendet sich der Steig (Mark. 14A) den Bergrücken entlang links hinauf zum Strickberg (2553 m). In Folge ist dann bereits das Gipfelkreuz des Markinkele (2545 m) sichtbar, wo ein gemütlicher Höhenrücken hinführt.

Abstieg

Für den Abstieg wählt man die Markierung 1 des Toblacher Höhenweges nach Nordwesten ins Blankental, später die Markierung 1A über die Silvesteralm und Silvesterkapelle zum Ausgangspunkt zurück (Mark. 14).

durch das Pustertal bis nach Vierschach und Auffahrt bis zum Gasthof Jaufen (1443 m); gleich nach dem Gasthof gibt es Parkmöglichkeiten an einer Linkskehre

 ca. 5–6 Std.

 ca. 1100 m

 einfach

Text- und Bildnachweis: Athesia-Tappeiner Verlag, Christjan Ladurner, Andy Walder, Leo Brugger, Maurizio Marchel, Patrick Egger, Gilbert Holzmann, Tourismusverein Partschins (Helmuth Rier, Hans Peter Weiss), IDM Südtirol (Laurin Moser), Seiser Alm Marketing (Werner Dejori), Lukas Schaller, Gert Poeder, Hanspaul Menara, Tourismusverein Schlanders-Laas (Florian Gassebner) sowie Bilder aus dem Privatbesitz der Inserenten.

2021

Covergestaltung: FAVORITBUERO, München
Design & Layout: Athesia-Tappeiner Verlag
Kartografie: geomarketing, www.geo-marketing.eu
Druck: Athesia Druck, Bozen
ISBN 978-88-7073-959-6

www.athesia-tappeiner.com
buchverlag@athesia.it

TAPPEINER

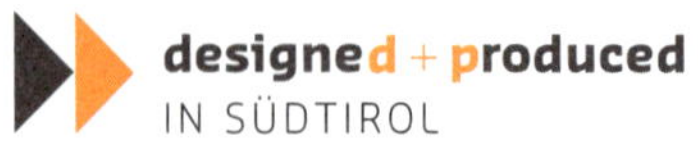

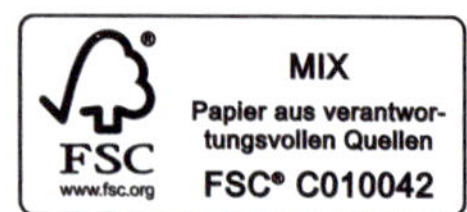